Du même auteur, aux éditions Leduc.s

Je râle moins... mais mieux ! c'est malin, 2016.
Arrêter de s'énerver, c'est malin, 2016.
Ne plus se gâcher la vie, c'est malin, 2015.
La pensée positive, c'est malin, 2014.

Maquette : Sébastienne Ocampo
Illustrations : Fotolia

29, boulevard Raspail
75007 Paris – France
ISBN : 979-10-285-0301-7
ISSN : 2425-4355

C'EST MALIN
POCHE

AURORE AIMELET

LES PETITS RIENS POUR CHANGER SA VIE !

60 *SMALL STEPS*
POUR EMBELLIR SA VIE

LEDUC.S
EDITIONS

SOMMAIRE

INTRODUCTION. DOUCEMENT, MAIS SÛREMENT

Rien ne sert de courir ; il faut partir à point. Mais pourquoi faut-il suivre le rythme de la tortue plutôt que celui du lièvre si l'on veut parvenir à son objectif ?

ÉTAT DES LIEUX

La vie n'est certainement pas un long fleuve tranquille. Et quelque chose cloche dans la vôtre. Rien de dramatique, ni de vraiment urgent. Mais vous êtes parfois triste, maussade, découragé. Ou souvent en colère, énervé, crispé. À moins que vous ne soyez inquiet, soucieux, anxieux. C'est un sentiment de lassitude, une accumulation de petites frustrations du quotidien. Il faut faire quelque chose, vous dites-vous ! Faire mieux, penser plus positif, canaliser vos émotions, réagir à meilleur escient, enrichir vos relations, embellir votre environnement. Être plus serein, plus comblé. Être... bien, être mieux, être bien mieux !

Dans ces moments-là, vous n'avez qu'une envie : tout changer ! Changer de job, ou même de partenaire. Vous mettre au sport, au régime, à la méditation. Partir loin, loin, loin. Devenir quelqu'un d'autre ? Alors, vous faites des projets gigantesques et farfelus, grâce à la méthode « Je balance tout et je recommence », en rêvant du grand soir.

Vous allez démissionner pour partir en Lozère et produire du fromage de chèvre. Rompre avec votre moitié alors que vous l'aimez démesurément, plus que vos premières chaussettes. Déménager et investir dans un loft après un stage intensif de home-staging. Vous convertir au bouddhisme. Organiser un trek sur les plages du Touquet. Changer d'amis en vous inscrivant sur un site de rencontres. Devenir végétarien.

Vous rêvez de tout envoyer promener et rien ne change fondamentalement. Vos bonnes résolutions sont bien trop compliquées. Vos projets un brin grandioses. Résultat, votre désir de changement reste au point mort. Pire, il entretient votre sentiment de frustration et de déception, et réveille une douloureuse sensation d'impuissance. Vos peurs se confirment à mesure que vos habitudes s'enracinent. Vous avez le sentiment d'être coincé dans votre train-train quotidien.

LA FAUSSE BONNE IDÉE

Le changement, c'est bien et c'est peut-être pour maintenant. Sauf que jeter le bébé avec l'eau du bain n'a jamais été une bonne idée. Pourquoi ?

- **Tout envoyer promener, c'est anxiogène.** Rappelons d'abord une réalité biologique : le cerveau n'aime pas le changement. Nous fonctionnons tous avec des réflexes, cognitifs et comportementaux, parce que notre mémoire les a enregistrés comme favorables à notre survie. Nos émotions, pensées et réactions, même si elles sont douloureuses parfois, ou coûteuses en termes d'énergie et de bien-être, sont pour la plupart automatiques. Cela ne veut pas dire que nous ne pouvons rien y faire mais cela implique une attention, cela suppose un effort de répétition. Le cerveau doit s'adapter à ces nouvelles habitudes. Et si on le presse, si on ne lui laisse pas le temps de s'y faire en sautant directement dans l'inconnu, alors stress et anxiété jalonneront le parcours.

- **Tout envoyer balader, c'est frustrant**. Mettre la barre trop haut, c'est le meilleur moyen de ne pas y arriver. Se fixer un objectif trop important, sans le découper en petites missions, en défis quotidiens, c'est voir le sommet d'une montagne sans considérer le chemin qui pourrait nous y mener. Et ce peut être frustrant. Le cerveau (encore lui) a besoin d'activer sa zone de récompenses pour continuer d'avancer. Plus on obtient de plaisir en marchant vers son objectif, plus on a de chances d'y arriver. Or, si la seule récompense se trouve à plusieurs mois de là, ou si elle n'intervient qu'après la réussite ultime, comment tenir ? Le sentiment de frustration pourrait bien mettre à mal notre projet.

- **Tout bazarder, c'est contre-productif.** En optant pour le changement radical, sur un court laps de temps, nous nous mettons une pression supplémentaire tout à fait inutile et contre-productive. Tout obstinés à nous prouver que nous sommes capables d'y arriver, vite fait, bien fait, nous pourrions vérifier ce que nous craignons par-dessus tout : que nous ne sommes pas à la hauteur, pas si forts, moins courageux, téméraire. De là à en conclure que nous sommes nuls, il n'y a qu'un pas, vite franchi. Une pensée qui nous empêcherait non seulement de mener à bien notre projet ; mais aurait aussi tendance à saboter dès le départ les objectifs que nous pourrions ultérieurement nous fixer.

- **Tout changer, c'est risquer de se tromper.** En effet, le désir de changement, s'il est naturel, constructif et donc nécessaire, cache parfois des besoins plus profonds, que l'on n'ose pas s'avouer. Nous pouvons rêver de changer de métier, par exemple, arguant que le nôtre est fatigant ou mal payé, mais au fond, c'est un problème de place dont nous souffrons, nous manquons de reconnaissance. En déplaçant le problème, nous nous trompons d'objectifs. Nous pourrions réfléchir à la façon d'obtenir davantage de valorisation avant de poster notre lettre de démission.

Evidemment, certains éléctrochocs autrement appelés tournants majeurs ou changements radicaux, sont tout à fait pertinents. Ils portent leurs fruits. Seulement, avouons-le, ils sont rarement engendrés par une décision, un choix, mais résultent plutôt d'un contexte, ou d'un hasard, suite au meilleur... ou au pire. La rencontre de l'âme sœur change tout. Un accident de la vie et celle-ci apparaît différente. Si nous vous souhaitons le premier, nous espérons que vous soyez à l'abri du second.

LA MÉTHODE DOUCE

Si vous voulez changer quelque chose dans une situation, vous avez le choix entre deux démarches, deux postures. Vous pouvez introduire le changement souhaité de manière radicale. Vous prenez une bonne résolution et vous vous y tenez. Mais nous venons de le voir, cette stratégie n'est pas totalement efficace. Pas garantie non plus. Très vite, nos vieilles habitudes reprennent le dessus, dès que notre motivation faiblit et que notre enthousiasme s'essouffle. Rappelez-vous, vous avez déjà expérimenté pareille désillusion dans votre vie.

Donc que faire ? Rien ? Vous n'êtes pas loin, car ce sont en effet des petits riens que vous allez saupoudrer ça et là dans votre vie. Changez de stratégie ! Et optez pour une méthode douce mais très efficace : celle des petits bonheurs, des petits plaisirs, des petits riens qui font toute la différence.

Car ça, ça change tout aussi.

L'idée est d'introduire progressivement le changement. De faire de tout petits pas, jour après jour, un pied après l'autre. Cette stratégie alternative s'appelle *le kaizen*, une philosophie orientale parfaitement résumée par un adage de Lao Tseu : « Même un voyage de 1000 kilomètres commence par un premier pas. » Chez nous, elle est tout aussi parfaitement résumée par cette expression populaire « Doucement mais sûrement ».

KESAKO, LE KAIZEN ?

Ce terme japonais est la fusion de deux mots ***kai*** (changement) et ***zen*** (bon). Dans la langue de Molière, on parle du concept d'« amélioration continue ». Cette méthode repose sur de petites améliorations qui, au bout du compte, permettent d'atteindre ses (plus grands) objectifs. Très développé dans le monde de l'entreprise, ce processus repose sur l'implication, la réflexion et la force de propositions des employés : chacun apporte sa mini pierre à l'édifice.

Et vous allez bientôt apporter la vôtre, ou plutôt les vôtres, à votre édifice personnel : votre vie ! Car le *kaizen* est une façon de penser et d'agir qui marche pour tout : des travaux d'embellissement de votre chez-vous à votre développement personnel. L'idée est vraiment d'y aller mollo : on commence par repeindre son entrée (car une entrée, c'est petit et rarement encombrée) avant de s'atteler aux moulures du salon (beaucoup plus compliquées). De la même façon, si l'on veut apaiser et son corps et son esprit, on se promet d'apprendre à mieux respirer au quotidien avant de s'inscrire à un stage de méditation pendant 15 jours. On franchit des étapes et non le chemin d'une traite.

Pourquoi ça marche ?

- **Parce que c'est simple et peu coûteux.** C'est une méthode que vous pouvez adopter et adapter à votre quotidien. Elle demande peu de moyens, peu de temps, peu d'énergie et peu d'argent.
- **Parce que ça ne traumatise rien ni personne !** Vous sortez de votre zone de confort, de vos habitudes, en douceur. Vous vous laissez le temps d'apprivoiser les changements et de vous familiariser avec ses conséquences. Le cerveau crée de nouveaux automatismes, vous développez de nouvelles façons d'être, de penser, d'agir, de parler qui portent leurs fruits progressivement. Et vous épargnez vos proches, qui, eux aussi, s'habituent sans heurts.
- **C'est bon pour le moral.** Et excellent pour la motivation et la confiance. Vous récoltez ce que vous semez ! Chaque jour, vous pouvez constater vos progrès et vous féliciter de vos efforts. Si vous avancez d'un pas, même minime, vous pouvez regarder en arrière et voir le chemin parcouru.

- **C'est le meilleur moyen de ne pas vous tromper.** En fonction des résultats, vous pouvez continuer, adapter, interrompre ou réaménager le processus. En quittant le monde fantasmatique des exigences, vous vous donnez les moyens d'agir concrètement et d'être en phase avec vous-même, en accord avec vos valeurs, vos désirs mais aussi vos fragilités et vos peurs.

Pour vous aider, nous avons rigoureusement sélectionné des idées toutes simples pour mettre du bonheur et de la légèreté dans la vie. Inspiré de ce fameux *kaizen* japonais et des *small steps* qui ont fait leur preuve outre-Atlantique, notre projet – et bientôt le vôtre – est donc d'y aller doucement mais sûrement. Cet ouvrage vous propose 60 petits pas pour changer. Pour vous réconcilier avec votre corps, pour apaiser votre esprit, pour embellir votre quotidien, pour enrichir votre couple et vos relations et pour améliorer votre vie professionnelle.

Votre premier petit pas consiste à tourner la page...

Chapitre 1

Les petits riens du corps

Prenez soin de vous ! Non, non, ne prenez pas un abonnement au club de gym. Voici 10 petits riens qui vous feront rapidement retrouver un bien-être physique.

1. JE RESPIRE

Ce premier petit pas va entraîner un changement radical ! Vous doutez du bien-fondé de cette affirmation, tant respirer est un acte automatique, si naturel que la plupart du temps, vous n'y songez même pas. Sauf que, ainsi, vous respirez mal – comme la majorité d'entre nous. En effet, nous respirons de façon superficielle, avec le thorax, ce qui ne permet pas un bon renouvellement de l'oxygène. Or l'air est une source essentielle d'énergie. Bien respirer permet :

- de diminuer le stress et l'anxiété ;
- de mieux accueillir nos émotions ;
- de renforcer le système immunitaire ;
- d'améliorer la concentration ;
- de favoriser le sommeil ;
- de détoxifier le corps ;
- d'améliorer la variabilité cardiaque ;
- de réduire la tension artérielle.

Parce que l'idée de cet ouvrage est de prendre la vie du bon côté et de procéder à de tout petits changements, n'essayez pas de contrôler les 15 000 à 17 000 respirations que vous effectuez par jour ! Tâchez simplement de vous offrir un moment pour pratiquer 5 respirations profondes ou respirations abdominales quotidiennes.

Késako ? Il s'agit de respirer par l'abdomen (le ventre) et non avec la partie thoracique superficielle (la poitrine). Ne respirez pas trop profondément, ne forcez pas : privilégiez la lenteur et la douceur. Inspirez par le nez et expirez par la bouche :

› Installez-vous confortablement, debout, assis ou allongé, comme bon vous semble ;
› Étirez-vous, allongez bien votre colonne vertébrale ;
› Roulez les épaules en arrière et ouvrez grand votre buste ;
› Placez votre main droite sur votre ventre, au niveau du nombril, et la main gauche sur le cœur ;
› Inspirez généreusement par le nez en comptant jusqu'à 5 ; votre abdomen se soulève, le ventre se gonfle, les côtes s'écartent, les poumons se remplissent d'air ;
› Maintenez l'inspiration en comptant jusqu'à 2 ;
› Expirez lentement par la bouche en comptant jusqu'à 5 ; les poumons se vident, la cage thoracique s'abaisse et le ventre s'aplatit ;
› Répétez ce cycle 5 fois.

2. JE MARCHE

Évidemment, vous qui voulez changer de vie pour gagner en sérénité et travailler à votre bonheur, vous vous dites que prendre un abonnement dans une salle de sport ou vous inscrire au prochain marathon serait idéal. Vous n'avez pas tort. Néanmoins, pourquoi ne pas commencer petit ? Pourquoi ne pas... marcher ? Marcher est le mouvement le plus simple et naturel qu'il soit possible d'effectuer. Et si vous en profitiez pour faire de la marche active ?

Pratiquée à un rythme légèrement plus rapide que votre vitesse habituelle (environ 5 km/h), la marche active est le sport le plus simple à pratiquer. Vous pouvez même en faire pour aller au bureau, au supermarché ou à l'école ! C'est un moyen des plus efficaces pour vous maintenir en forme et vous détendre.

Les règles sont toutes simples :

› Gardez la tête et la colonne vertébrale bien droites ; assurez-vous de ne pas pencher votre corps vers l'avant ou vers l'arrière .
› Regardez droit devant vous, tout en baissant les yeux de temps en temps pour repérer les obstacles.
› Le déroulé du pied est important. Il s'effectue en 3 temps : posez le talon au sol, déroulez entièrement votre pied, puis propulsez-vous vers l'avant

grâce aux orteils. Vous gagnerez en souplesse et en tonicité.

› Les bras jouent aussi leur rôle. Relâchez bien les épaules et utilisez (sans forcer) le balancier naturel de vos bras pour gagner en équilibre et faire travailler les muscles du haut du corps.

Cette marche sportive est accessible à tous. Petit plus : vous verrez vite les progrès. Pratiquée régulièrement, à raison de 30 minutes par jour, elle permet d'évacuer les tensions du quotidien.

N'oubliez pas quand vous marchez ainsi d'être à l'écoute de votre corps : que ressentez-vous ? que percevez-vous via vos 5 sens ? est-ce agréable ? désagréable ? Il s'agit de porter votre attention sur votre corps, de le sentir se mouvoir, bouger, de le faire vivre et d'apprécier ce qu'il vous offre à expérimenter en retour. C'est une marche active et consciente, un petit moment de répit dans un quotidien qui a souvent tendance à considérer le corps comme une enveloppe bien pratique pour aller d'un point A à un point B.

Or la marche peut être passionnante ! « Jouissance du temps, des lieux, [elle] est une dérobade, un pied de nez à la modernité, écrit le sociologue

David Le Breton. Elle est un chemin de traverse dans le rythme effréné de nos vies, une manière propice de prendre de la distance et d'affûter ses sens*. »

3. JE FAIS UNE SIESTE

Ce n'est jamais du temps de perdu, bien au contraire. On gagne à tous les coups ! Comme Napoléon et Léonard de Vinci, adoptez la sieste quotidienne pour recharger vos batteries. Cette pause salutaire dans un emploi du temps surchargé permet au corps humain de récupérer rapidement de l'énergie pour l'après-midi et de mieux mémoriser et intégrer les informations du matin.

Voici notre petite FAQ (Foire Aux Questions) pour répondre à toutes vos interrogations :

✓ Quelle position ? Celle que vous préférez ! N'hésitez pas à tester plusieurs formules : assis, allongé, semi-allongé, les bras le long du corps ou repliés derrière la tête, les mains

* David Le Breton, *Éloge de la marche*, Paris, Métailié, 2000.

couvrant les yeux ou la tête posée sur les bras. Essayez et vous trouverez.

✓ Combien de temps ? Tout dépend de vos besoins, envies et... possibilités. Cela dit, une sieste de 10 à 20 minutes devrait faire l'affaire. Au-delà, vous risquez de vous réveiller un peu groggy...

✓ À quelle heure ? Généralement, nous en ressentons le besoin entre 13 et 15 heures. Mais cela n'a rien à voir avec la digestion. L'appel de la couette est lié à un rythme physiologique.

✓ À quel rythme ? Tous les jours si possible ! Le philosophe Thierry Paquot écrit : « La sieste, contrairement à une idée reçue, n'intervient pas seulement après le déjeuner pendant la période estivale, elle se manifeste à nous, chaque jour de l'année, pour nous inviter à une halte, brève et dense, qui remet nos compteurs à zéro. Et nous voilà détendus, prêts à redémarrer, disponibles*. »

---

* Thierry Paquot, *L'Art de la sieste*, Paris, Zulma, 2008.

Il s'agit aussi de se réveiller tout doucement :

› Inspirez profondément une première fois en commençant par bouger le bout des doigts, puis les mains, les doigts de pied en enfin les pieds ;
› Inspirez profondément une deuxième fois en étirant vos bras et vos jambes ;
› Inspirez profondément une troisième fois en étirant l'ensemble de votre corps ;
› Ouvrez les yeux, faites un tour d'horizon et focalisez votre regard sur un point précis, d'abord lointain, puis plus proche de vous ;
› Souriez et... levez-vous ! Reprenez le fil de votre vie.

4. JE ME DÉTENDS

Là encore, il s'agit de prendre soin de soi en moins de 5 minutes. Aucune étude de sophrologie à entreprendre, pas plus qu'une inscription à un cours de relaxation toute l'année. Prenez juste un instant pour vous détendre grâce au relâchement musculaire.

Évidemment, vous vous dites que c'est votre tête qui crée de la tension dans votre corps. Les soucis, les contrariétés, etc. Sauf que l'inverse est aussi vrai. La décontraction musculaire induit une décontraction mentale. Plus on est physiquement contracté, moins on est psychiquement serein.

Vous avez deux options, avec ou sans contractions musculaires initiales :

› **Option 1**, avec. Asseyez-vous confortablement puis pratiquez une suite de contractions volontaires puis de décontractions, dans chaque zone du corps. Il s'agit de bander un à un ses muscles puis de les relâcher brutalement. Par exemple, commencez par serrer le poing droit très fort. Une chaleur envahit vos doigts, le dos de votre main, votre poignet, peut-être tout votre bras. Puis, desserrez votre poing d'un seul coup : des picotements se font sentir en même temps que la tension disparaît. Gardez votre main décontractée. Maintenant, serrez le poing gauche de la même façon. Puis continuez l'exercice en contractant puis en relâchant de la même manière tous les muscles de votre corps : levez les sourcils, par exemple, serrez la mâchoire, poussez fortement votre langue contre le palais, soulevez et contractez les épaules puis faites les retomber, cambrez le dos, serrez les fesses, pointez le pied, etc. L'idée est la même : contractez pour mieux relâcher.

› **Option 2**, sans. Il s'agit d'un balayage corporel, souvent appelé *body scan*. Installez-vous confortablement, en position assise ou allongée, peu importe, et fermez les yeux. Scannez mentalement chaque zone de votre corps en commençant par les pieds (vous remonterez progressivement). Intéressez-vous à chaque sensation, prenez conscience des tensions qui règnent dans cette zone, concentrez-vous et décontractez-la, détendez le muscle ou le groupe musculaire, visualisez sa relaxation, pensez à son relâchement, sans forcer. Progressez ainsi de zone en zone puis, élargissez votre attention à l'ensemble de votre corps, laissez-vous envahir par la détente et le relâchement général.

5. JE ME MASSE

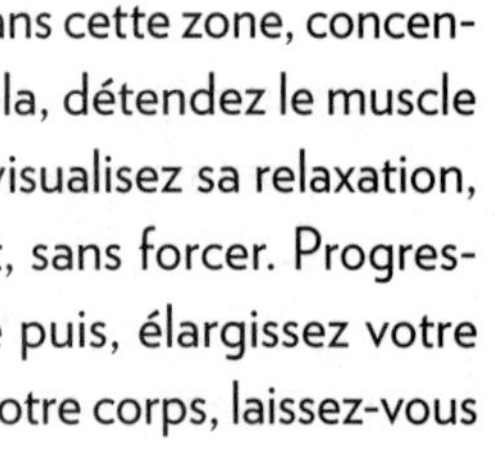

Nouvelle petite pause toute simple pour embellir votre journée en prenant soin de votre corps : l'automassage. Vous n'avez besoin de rien ! Simplement de vos mains.

Voici 5 exercices à pratiquer pendant 2 minutes :

› **Automassage du visage.** Posez les pouces sur vos tempes, juste à la naissance des cheveux. Placez les trois doigts suivants sur votre front, entre vos sourcils, les index se positionnant eux aussi à la naissance des cheveux. À l'aide de vos doigts, tirez la peau du front vers le bas, en les ramenant à la hauteur des tempes, puis sur l'arête du nez.

› **Automassage des yeux.** Placez vos doigts sur les tempes, à environ un centimètre de l'angle externe des yeux. Stimulez ce point essentiel en effectuant de légères rotations avec le bout des doigts, des deux côtés en même temps. Autre option : tapotez doucement autour de vos yeux avec la pulpe de vos 10 doigts. Terminez en clignant fermement des yeux plusieurs fois.

› **Automassage des mains.** Avec votre main droite, effectuez des mouvements fermes et enveloppants votre main gauche ; puis partez du centre en effectuant des mouvements circulaires de plus en plus larges ; massez ensuite la partie charnue située entre le pouce et l'index (attention, zone sensible) ; massez enfin chaque doigt depuis l'articulation jusqu'à l'ongle ; faites ramper tous vos doigts droits sur le pouce, puis l'index, etc. ; terminez le massage en vous offrant quelques mouvements circulaires autour du poignet et… changez de main !

› **Automassage des jambes.** L'idée est de favoriser la circulation sanguine sur les parties charnues de la jambe, toujours du bas vers le haut. Commencez par « pétrir » le mollet, le genou puis remontez vers l'aine, sur toutes les faces de la jambe. Terminez le massage par des mouvements circulaires sur l'ensemble des membres. Là encore, passez à l'autre jambe.

› **Automassage du pied.** Prenez votre pied entre les deux mains et massez-le dans un mouvement d'essuie-glace de l'intérieur vers l'extérieur ; puis avec votre pouce, tracez des lignes verticales, de haut en bas, sur la zone centrale du pied, puis des mouvements circulaires ; massez ensuite le talon à l'aide de votre paume ; terminez par les doigts de pieds en tirant légèrement dessus. Prenez soin de l'autre pied.

6. JE ME LAVE LES MAINS

Vous connaissez l'expression « s'en laver les mains » ? Eh bien, c'est un petit rien pour un grand bénéfice ! Rien n'est plus efficace contre la transmission des maladies infectieuses. C'est par ailleurs un moment de plaisir, un petit rituel dont il ne faudrait plus se passer. Car on peut profiter de cette pause pour s'offrir un massage relaxant des mains (voir ci-dessus).

Mais retournons à l'école pour voir comment on se lave les mains efficacement !

› Retirez bagues et bijoux, mouillez-vous les mains à l'eau chaude ;
› Utilisez du savon et lavez-vous (pardon, massez-vous les mains) pendant 20 secondes ;
› Rincez-les abondamment en les frottant l'une contre l'autre ;
› Pour les sécher, utilisez une serviette propre ou un essuie-tout (dont vous vous servirez pour fermer le robinet et ouvrir la porte si vous êtes dans un lieu public) ;
› Une petite crème hydratante et vous voilà les mains propres !

Puisque nous en sommes aux mesures d'hygiène, voici quelques rappels pour vous protéger des virus en tout genre :

✓ Lorsque vous toussez ou éternuez, utilisez un mouchoir plutôt que votre main.

- ✓ À la maison ou au bureau, nettoyez les surfaces pour éliminer les germes, notamment les poignées de porte, les interrupteurs, les téléphones et les claviers.
- ✓ Évitez d'utiliser du savon en pain.
- ✓ Remplacez régulièrement les éponges, serviettes et torchons.
- ✓ Apprenez à vos enfants à se laver les mains plusieurs fois par jour et notamment après avoir toussé, éternué ou s'être mouché, avant et après les repas, avant de cuisiner, après avoir manipulé de la viande ou du poisson cru, après avoir touché un animal et après être allé aux toilettes.

7. JE ME NOURRIS

Des petits pas pour mieux se nourrir ? Oui. Car l'alimentation est l'un des facteurs essentiels du bien-être. Il n'existe pas de recette ni de régime alimentaire miracle pour bien manger. Se nourrir correctement, c'est simplement veiller à adopter une alimentation variée et équilibrée.

Le menu idéal ? Le site Manger Bouger* vous en rappelle les fondamentaux :

- **L'entrée.** Privilégiez les entrées à base de légumes, crus ou cuits, ou même de fruits. Cela vous aidera à atteindre le repère nutritionnel de 5 fruits et légumes par jour.
- **Le plat principal.** Construisez vos plats principaux autour d'une portion de viande, de poisson, de jambon ou d'œufs, accompagnée de légumes et de féculents (pommes de terre, pâtes, riz, blé précuit, semoule, maïs, légumes secs, etc.). Viandes, poissons ou œufs sont l'un des composants du plat principal et non l'élément dominant ; la portion journalière recommandée pour un adulte est d'environ 100 à 150 g. Veillez à ce que la quantité d'accompagnement soit supérieure à celle du produit animal.
- **Le dessert.** Privilégiez les fruits (crus, cuits, en compote, au four ou en clafoutis) et les produits laitiers. Ils contribuent au bon équilibre nutritionnel tout en apportant une touche gourmande à votre repas.

* http://www.mangerbouger.fr/

Bien manger, c'est surtout :

- Manger de tout, mais en quantités adaptées : il n'existe ni aliment interdit, ni aliment miracle.
- Privilégier les aliments bénéfiques à votre santé (fruits, légumes, féculents, poissons, viande...).
- Limiter la consommation de produits sucrés (confiseries, boissons sucrées...), salés (gâteaux apéritifs, chips...) et gras (charcuterie, beurre, crème...).
- Éviter de sauter des repas : un repas festif peut être compensé avec des repas plus légers et équilibrés par la suite.
- Bien boire : l'eau fait aussi partie d'un bon équilibre alimentaire. Les sodas, très riches en sucre, ne doivent être consommés qu'occasionnellement. En effet, un litre de soda contient l'équivalent de 15 à 25 morceaux de sucre de 5 g, une canette de 33 cl en contient 6 à 8 morceaux.

8. JE RALENTIS

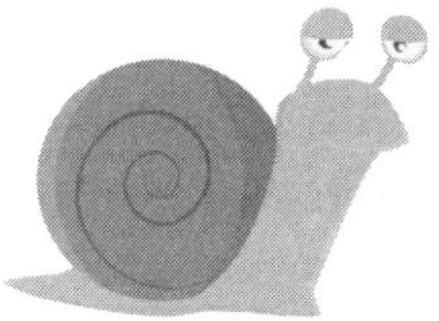

Cela paraît tout bête, mais ce *small step* est d'une efficacité redoutable. Dans une société vouée au culte de l'urgence, affublés d'un emploi du temps de ministre, accablés par cette *to-do list* qui ne cesse de s'allonger, nous nous collons une pression des plus toxiques. Notre petit pas doit être de ralentir, en conscience, pour cesser d'être l'otage d'une montre.

Le mouvement « *slow* » est un nouveau courant qui fait un malheur – car il fait le bonheur – dans bien des domaines : après la *slow attitude*, la tendance est au *slow food* et même au *slow sex*. On invente aussi des *slow cities*. Il s'agit de donner du temps au temps quand tout va toujours trop vite. L'objectif est de savourer et de se libérer du stress et de l'anxiété.

Vous pensez que c'est compliqué ? Pas du tout ! En voici les grands principes :

- ✓ Faire une seule chose à la fois ;
- ✓ L'exécuter lentement et délibérément ;
- ✓ Limiter ses activités ;
- ✓ Mettre de l'espace et du temps entre chacune de ses activités ;

✓ Passer au moins 5 minutes par jour à ne rien faire que regarder un poisson dans son bocal ou une mouche voler ;
✓ Être présent quand on est quelque part ou avec quelqu'un ;
✓ Vivre lentement, c'est-à-dire manger lentement, marcher lentement, parler lentement, etc.

Décélérez. Rien ne presse. Allez simplement moins vite en vous acquittant de vos tâches quotidiennes. Votre corps vous dira merci. Mais attention ! Ne vous méprenez pas : il ne s'agit pas de devenir un escargot ou pire, de tout remettre au lendemain. Pour le journaliste canadien Carl Honoré, auteur d'un livre sur la lenteur, « cette philosophie peut être résumée en un seul mot : équilibre. Allez vite lorsqu'il est logique de le faire. Et allez lentement lorsque la lenteur s'impose. Cherchez à vivre à ce rythme que les musiciens appellent le *tempo giusto* – la “bonne cadence”*. »

* Carl Honoré, *Éloge de la lenteur*, Paris, Marabout, 2013.

9. J'ACCUEILLE MES ÉMOTIONS

Ce petit pas-là va peut-être vous paraître bien difficile à faire. Très souvent, vous êtes débordé, totalement dépassé par vos émotions et vous éprouvez un intense sentiment de frustration, de déception, de contrariété. Assailli par la peur, la colère ou la tristesse, l'une des trois émotions dites fondamentales, vous avez l'impression que votre bien-être s'amenuise dès que la tension monte.

Vous avez donc pris l'habitude de vouloir fuir, contrôler ou comprendre l'émotion. D'ailleurs, vous lisez çà et là qu'il faut apprendre à la gérer, à la canaliser, à la tempérer, bref, à ne surtout pas la laisser s'exprimer. Votre vœu le plus cher est de surmonter vos peurs, arrêter de râler, vous relever de la déprime, vaincre le stress, cesser de culpabiliser, vous libérer de la jalousie, etc.

Eh bien, vous allez faire tout le contraire ! Lorsque vous serez rongé par la peur, la colère ou la déprime, vous allez... attendre. Ne rien faire, ou plutôt laisser faire ! « En deux minutes maximum, le bouleversement sensoriel se sera grandement atténué et vous aurez recouvré vos esprits, écrit la psychopraticienne, Catherine Aimelet-Périssol. Deux minutes, c'est le temps que met l'onde émotionnelle pour traverser le corps à condition que l'esprit ne s'en mêle pas*. »

L'émotion, loin d'être un problème à traiter ou un ennemi à abattre, nous est utile, tant elle nous permet de nous adapter à notre environnement, notamment en cas de danger. C'est elle qui nous fait réagir par la fuite (en cas de peur), la lutte (en cas de colère et si l'on ne peut pas fuir) ou le repli sur soi (en cas de tristesse et si rien ne fonctionne, ni la fuite ni la lutte.) Chercher à s'en passer est donc une hérésie !

L'émotion est toujours passagère. Lorsque vous vous sentez mal, accueillez-la : ne faites rien, ou plutôt si, faites l'un des petits pas proposés dans ce chapitre : respirez, marchez un peu, fermez les yeux, détendez-vous, ralentissez, massez votre visage ou vos yeux, buvez un verre d'eau, croquez dans un carré de chocolat. 2 minutes, souvenez-vous...

* Catherine Aimelet-Périssol, *Émotions : quand c'est plus fort que moi*, Paris, Leduc.s Éditions, à paraître en février 2017.

10. JE REGARDE AUTREMENT MES EXCÈS

Trop de café, de tabac, d'alcool, de nourriture. Trop d'angoisse, de stress, d'agressivité. Ou encore trop de travail, de sport ou de sexe. Évidemment, vous savez que tout cela n'est pas très bon, d'un point de vue physiologique, relationnel ou psychologique. L'objet de cet ouvrage est de vous proposer d'oser des petits pas pour embellir votre vie. Or ici, avouons-le, il s'agit d'un travail bien plus important, car un excès cache toujours une dépendance, une fragilité, dont vous ne viendrez pas à bout en claquant des doigts.

Pourtant, nous vous proposons d'en faire un, de ces petits pas. En osant admettre aujourd'hui que oui, vous avez recours à des éléments extérieurs pour combler un manque intérieur. Regardez vos excès avec un œil bienveillant pour mieux les reconnaître. Sortez de la culpabilité pour vous responsabiliser et vous dire, qu'un jour, peut-être pas demain, mais oui, un jour, c'est certain, vous aurez le courage de vous prendre en main, en charge, pour apprendre à satisfaire vos besoins d'une façon plus respectueuse.

Peut-être vous faites-vous du mal aujourd'hui, sans doute ne souhaitez-vous pas tout de suite vous attaquer de front à ces envies irrépressibles et impérieuses. Ce n'est pas grave. Prenez-en conscience. Et multipliez les autres petits pas avant d'en faire un de géant.

Mes petits pas à moi

Notez ici les 5 *small steps* du corps que vous préférez ; ceux qui vous inspirent et que vous pouvez mettre en œuvre rapidement, en fonction de vos envies et de votre tempérament, en tenant compte de la réalité (le temps, l'espace, les contraintes matérielles, physiques).

Par exemple, vous pouvez décider de faire 5 respirations profondes deux fois par jour, ou seulement le matin en vous levant ; choisir de vous masser les mains ou les pieds ; faire une vraie sieste ou simplement fermer les yeux ; marcher 30 minutes le mercredi et le samedi, ou une heure le week-end. À vous !

1.
2.
3.
4.
5.

Chapitre 2

Les petits riens de l'esprit

Changez d'état d'esprit ! Non, non, ne partez pas pour une retraite spirituelle au fin fond du Tibet. Voici 10 petits riens qui participeront à un meilleur équilibre psychique.

11. JE PENSE POSITIF

La pensée positive, évidemment, vous connaissez. Vous avez ouï-dire qu'il fallait mieux penser pour mieux vivre et s'entraîner à voir le verre à moitié plein. Alors, en élève consciencieux, vous tentez d'éradiquer de votre esprit toutes croyances, jugements et opinions jugés « négatifs » ou plus ou moins « toxiques ». Sauf qu'évidemment, le succès n'est pas toujours au rendez-vous : vous vous surprenez encore à râler et à ressasser.

C'est que là encore, vous mettez la barre beaucoup trop haut ! Le cerveau humain ne peut pas canaliser ni gérer le flot des pensées qu'il produit, H24. Inutile donc de vous culpabiliser. Au contraire, tâchez de faire preuve d'un optimisme plus intelligent, car plus adapté au fonctionnement humain.

Ce petit pas-là consiste à exercer votre attention. Il ne s'agit pas de chasser ses idées noires, mais de réaliser combien elles sont une simple production de l'esprit. L'idée est de seulement faire un pas de côté, de prendre du recul, pour parvenir à se détacher de la pensée qui, rappelons-le, n'est pas un fait : elle est une représentation mentale d'un fait.

Concrètement, tâchez de prendre de la distance avec vos « productions psychiques », c'est-à-dire vos pensées. Interrogez-vous :

- Confondez-vous une pensée et un fait ?
- Tirez-vous hâtivement des conclusions ?
- Vos propos manquent-ils de nuance ?
- Vous condamnez-vous sans merci pour une seule et unique erreur ?
- Vous focalisez-vous sur vos faiblesses en oubliant vos forces ?
- Vous culpabilisez-vous pour quelque chose qui n'est pas de votre fait, de votre faute ?
- Êtes-vous en train de vous juger ?
- Lisez-vous dans les pensées d'autrui ?
- Vous imposez-vous des objectifs irréalistes qu'évidemment vous n'allez pas pouvoir tenir ?
- Dramatisez-vous la situation ?

Sous le coup de l'émotion, il se pourrait que vous manquiez de bonne foi et continuiez à broyer du noir. Mais cette habitude vous permettra déjà de nuancer votre bavardage mental.

12. JE ME PARLE GENTIMENT

Vous êtes en constant dialogue avec vous-même. Mais, sans y prêter attention, vous tenez un discours parfaitement odieux ! Il ne vous viendrait pas à l'esprit de parler ainsi à l'un de vos proches, mais vous ne voyez aucun inconvénient à vous agresser vous-même. Il est temps de remplacer ces jugements dévastateurs par des paroles réconfortantes, encourageantes et amicales.

Pour faire taire ce petit tyran en puissance, il n'est pas nécessaire de faire un pas de géant ! Crier plus fort que lui en hurlant « Je suis génial ! » n'est pas une idée judicieuse. Se juger de façon trop négative ou trop positive revient au même : on s'éloigne de soi. Si vous pensez « Je suis le meilleur », vous vous emprisonnez autant que si vous songez « Je suis nul ». Pour retrouver un peu d'objectivité, mieux vaut s'examiner sans se perdre dans les jugements et les comparaisons avec autrui. Regardez-vous penser, ressentir et agir sans pour autant vous évaluer, en acceptant qui vous êtes.

Prenons le cas, assez fréquent, de ceux et celles qui remettent tout au lendemain et qui souffrent de procrastination. S'ils se disent « J'ai du mal à m'y mettre », ils admettent leur fragilité et peuvent donc décider d'une stratégie pour changer. S'ils pensent, « Je suis nul, je n'arrive jamais à m'y mettre », ils se jugent incapables de changer. Les deux phrases semblent identiques, issues de la même pensée, et pourtant la première libère quand la seconde emprisonne. Ce décalage porte ses fruits.

Se parler gentiment, c'est aussi s'accorder des permissions. Très souvent, nous ne nous donnons que des « devoirs » : « Je dois faire ceci, j'aurais dû penser à cela, il faut que... » Il n'y a plus aucune place pour nos « droits » ! Pour remettre un peu de douceur dans notre monde intérieur de brutes, l'analyse transactionnelle propose de nous donner des permissions salvatrices. Et de nous dire, par exemple :

- ✓ J'ai le droit de m'affirmer, de me faire remarquer, de me sentir important.
- ✓ J'ai le droit d'être moi-même, peu importe que cela plaise ou déplaise à autrui.
- ✓ J'ai le droit de m'amuser, d'avoir du plaisir, d'être insouciant, léger.
- ✓ J'ai le droit d'évoluer, de changer et d'avancer.

✓ J'ai le droit de réussir pour moi-même et non pour réparer un autre ou lui faire plaisir.
✓ J'ai le droit de prendre des initiatives, des risques, de faire des expériences.
✓ J'ai le droit de commettre des erreurs.
✓ J'ai le droit de penser à moi, de faire passer mes besoins avant ceux des autres, de prendre du temps pour moi.
✓ J'ai le droit d'être aimé, de recevoir des marques de tendresse et d'affection.
✓ J'ai le droit de me fier aux autres et de recevoir leur soutien.
✓ J'ai le droit de prendre soin de moi, de ma santé.
✓ J'ai le droit de penser par moi-même, d'avoir mes propres visions du monde.
✓ J'ai le droit de dire non et de ne pas être d'accord.
✓ J'ai le droit de rêver.
✓ J'ai le droit d'être en colère, d'avoir peur, d'être triste ou au contraire joyeux et j'ai le droit de l'exprimer.

Votre petit pas du jour est de cocher quelques-unes de ces permissions !

ANALYSE TRANSACTIONNELLE

Créée dans les années 1950 par le psychiatre Éric Berne, l'analyse transactionnelle, appelée aussi AT, est une théorie de la personnalité, des rapports sociaux et de la communication. Cette théorie permet « d'appréhender le mystère des relations, saines ou nuisibles avec les autres et avec soi-même » selon le site francophone http://analysetransactionnelle.fr/. Il s'agit d'apprendre à repérer trois facettes importantes de sa personnalité, qui construisent tout individu : l'Enfant, le Parent et l'Adulte. En nous donnant les permissions précitées, nous devenons plus adultes. Plus libres.

13. JE NE STRESSE PLUS, JE M'ADAPTE

Là encore, vous en savez long sur le stress. Véritable maladie du siècle, vous combattez toute forme de tension, corporelle ou mentale, en vous disant que c'est aussi néfaste pour vous que pour votre entourage. Vous avez raison. Du moins, en partie.

Car sachez que le stress est un phénomène parfaitement... normal ! Biologiquement, il est une façon de nous adapter à ce qui représente un danger. C'est un chercheur canadien, Hans Selye, qui est le premier à décrire dans les années 1930 ce mécanisme particulier qu'il nomme « syndrome général d'adaptation ». Il y a trois phases : d'abord, le cerveau perçoit un danger et déclenche un signal d'alarme ; puis c'est la phase d'adaptation, le corps est prêt à intervenir ; vient ensuite la phase de relaxation (le danger est passé, le corps récupère) ou d'épuisement (le stress perdure, le corps s'épuise). C'est dans cette phase d'épuisement que surgissent les sentiments de frustration et de souffrance, lits de vos plaintes et de vos lamentations.

Vous ne pouvez pas lutter contre tout stress : ce serait vous priver de tout signal d'alarme. Cependant, vous avez la possibilité de mieux le mettre à profit en changeant de point de vue, en accueillant cette sensation de tension intérieure et en y répondant de façon plus adaptée.

Concrètement, quand une situation vous stresse, dites-vous simplement « Voilà le signe que quelque chose ne va pas. » Puis cherchez, non pas à lutter contre vos sensations, émotions, pensées douloureuses, mais ce qui est à l'origine de tout cet emballement. Comprenez que tout votre être tend à s'adapter et accompagnez-le dans ce sens : « Que puis-je faire pour régler ce qui ne va pas ? »

C'est dans l'action que se trouve la solution. Pas en essayant de fuir, de lutter ou de subir la situation dans un repli sur soi. Tâchez toujours de chercher ce que vous pouvez faire, en tenant compte de la réalité des événements (du moins, de la façon dont vous vous la représentez au moment T) et de votre état (donc de votre stress).

14. JE LÂCHE PRISE

Là encore, vous n'êtes pas aidé, en ces temps particulièrement exigeants. La société dans son ensemble semble s'être passé le mot pour vous inciter, ou plutôt vous enjoindre, à tout contrôler, gérer, maîtriser. Vous-même, en premier lieu, en vous invitant, plus ou moins cordialement, au « développement personnel » qui frôle parfois le « dépassement de soi ». Vous vous dites sans cesse qu'il faut absolument devenir cette femme merveilleuse ou cet homme irréprochable des temps modernes.

Il vous faut donc apprendre à tout gérer d'une main de maître. Car l'individu qui sait rester maître de lui-même incarne à la perfection les valeurs prônées par la société : individualisme, réussite, culte de l'image, toute-puissance, etc. Le mot a donc envahi nos esprits : nous sommes censés tout gérer, de notre compte en banque à nos enfants, en passant par notre patron, notre maison, notre couple, notre santé, notre carrière... et bien entendu, nos émotions comme nos pensées. Quand nous n'y parvenons pas, c'est que nous n'avons pas assez appris, compris, mis en œuvre les outils pourtant à notre disposition.

Halte au fantasme du surhomme et de la *wonder woman*. Il convient de lâcher prise de temps à autre, car, si certaines choses dépendent de vous, beaucoup d'autres ne dépendent pas de vous, comme le disait Épictète. Vous ne pouvez pas tout contrôler, car vous n'avez aucun pouvoir sur :

- **Le fonctionnement de votre cerveau :** si certaines sensations ou émotions difficiles à vivre vous arrivent, c'est que vos sens ont bel et bien perçu un problème, quelque chose qui vous pose problème. Il ne s'agit pas de baisser les bras, simplement de le reconnaître ;
- **Le passé :** ce qui est advenu est advenu ; votre histoire, vos expériences ont fait de vous qui vous êtes, c'est-à-dire, bon an, mal an, une personne de valeur ;
- **Les autres :** leurs émotions, pensées, comportements, leurs paroles ou leurs silences, leurs besoins, croyances, peurs, attentes les concernent même s'ils vous font peur, vous agacent ou vous attristent ;
- **La réalité de la situation, de l'environnement, les événements extérieurs :** certes l'imprimante n'a pas de papier et la grève vous met en retard, mais, objectivement, que pouvez-vous y faire ?

Faites simplement entrer dans votre vie une part d'incertitude, de fragilité. Vous pouvez beaucoup pour vous, pour les autres et même pour le monde en général ; mais vous ne pouvez pas tout.

15. JE ME VALORISE

Vous reconnaître fragile n'est pas pour autant vous dire incapable, nul, en dessous de tout. La seconde tragédie de cette tyrannie à être toujours mieux que vous êtes est de vous croire parfaitement affligeant si, par malheur, vous n'y parvenez pas.

Vous êtes probablement extrêmement efficace dès lors qu'il s'agit de lister vos défauts, tares et autres imperfections. Mais savez-vous quelles sont vos qualités, atouts et autres charmes ? Il est temps de les reconnaître eux aussi pour les faire vivre davantage, pour en tirer profit, pour qu'ils deviennent de vraies ressources.

Voici quelques pistes pour vous aider à mieux vous aimer. Choisissez-en une ou deux, et tâchez d'y penser dans les prochains jours :

✓ Reconnaissez à leur juste valeur tous vos succès, même les petites tâches ou les activités qui sont pour vous faciles mais qui méritent des félicitations.

✓ Savourez, non votre différence, mais votre spécificité, ce qui fait que vous êtes unique, vos qualités comme vos fragilités.
✓ Pensez toujours que vous avez fait, et que vous faites de votre mieux, en fonction de vos possibilités et capacités du moment ; on a toujours une bonne raison de penser, éprouver et agir comme on le fait.
✓ Voyez toujours en vos faiblesses le bon côté des choses ; vous êtes timide, mais vous êtes à l'écoute ; vous êtes dans la lune, mais vous êtes créatif ; vous êtes autoritaire, mais vous êtes déterminé.
✓ Traitez-vous correctement, en paroles et en actions ; parlez-vous gentiment et faites-vous plaisir souvent.
✓ Soyez indulgent avec vous-même, surtout quand vous n'allez pas très bien ; plus les épreuves sont douloureuses, plus vous devez « bien veiller » sur vous.
✓ Faites-vous respecter ; il vous faut apprendre à connaître vos limites et les exprimer, vous affirmer à bon escient, équilibrer les besoins des autres et les vôtres ; soyez tout à fait intolérant à la violence verbale et physique.

16. JE VISUALISE

La visualisation est une technique qui utilise les ressources de l'esprit, de l'imagination et de l'intuition pour améliorer les performances et le mieux-être. Nous avons tous la capacité de visualiser, c'est-à-dire de nous représenter un objet, un son, une situation, une sensation, une émotion. Selon son intensité, cette représentation peut déclencher les mêmes effets que le ferait la réalité.

Ce n'est pas de la magie ! Ça marche et c'est scientifiquement prouvé. D'ailleurs, les grands sportifs ne s'en privent pas. Et on l'utilise désormais dans le domaine thérapeutique, pour réduire le stress par exemple. L'idée est simplement de focaliser son attention, son intention, sur le meilleur à venir.

La visualisation est bien utile dans des cas divers et variés. N'hésitez pas si :

- **Vous avez un rendez-vous important** (entretien d'embauche, rendez-vous galant, prise de parole en public...). Visualisez le meilleur scénario (plusieurs fois dans les jours précédents le moment fatidique) en l'adaptant aussi précisément que possible à votre demande. Votre voix est calme, posée ; vous vous tenez droit, êtes à l'aise ; vous êtes élégant ; votre interlocuteur est attentif, peut-être même sous le charme ; vous occupez l'espace naturellement. L'idée ici est de visualiser votre confiance et votre réussite.

- **Vous voulez vous débarrasser d'une mauvaise habitude.** Visualisez votre petite manie, matérialisez-la en une chose répugnante, donnez-lui un nom, une forme, une odeur ; elle est palpable. Imaginez vos mains prendre cette chose et l'extirper de vous, avec force, avec courage. Elle est maintenant dans vos mains, hors de vous. Vous pouvez la jeter, la brûler, la noyer, bref, la faire disparaître.
- **Vous voulez atteindre un objectif.** Imaginez une cible et visualisez les cercles concentriques de différentes couleurs. Concentrez-vous sur le centre de la cible qui est de couleur jaune : votre objectif personnel y est écrit en toutes lettres. Imaginez maintenant un arc et une flèche. Ouvrez la main, libérez la flèche qui va dans le mille ! Visualisez votre objectif atteint.
- **Vous voulez simplement vous ressourcer.** Imaginez un paysage, au calme, loin du bruit et de l'agitation (une forêt, un bord de mer,

la montagne...) ; imprégnez-vous des lieux à l'aide de vos 5 sens (humez l'odeur des arbres ou de la mer, touchez la neige, goûtez l'eau du ruisseau, écoutez le chant des oiseaux ou des vagues, regardez la vallée ou observez les fleurs). Laissez le calme de cet environnement vous envahir.

17. J'APPRENDS

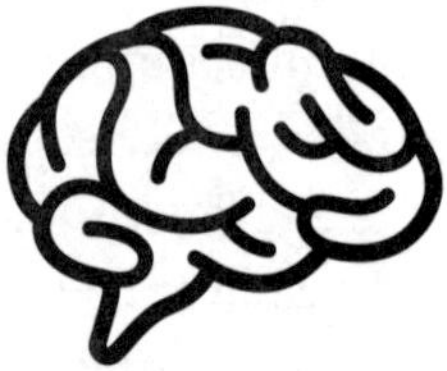

C'est l'idée du *lifelong learning,* une façon de considérer l'être humain, non pas parfait, mais toujours perfectible. Car, tout simplement, nous pouvons apprendre tout au long de notre vie. L'éducation, le développement de soi et de ses connaissances est un *continuum* qui se développe de la toute petite enfance jusqu'à ce la fin de notre existence.

Bien entendu, vous pouvez vous mettre, comme vous l'avez toujours rêvé, au piano ou à la sculpture ; vous pouvez aussi passer votre permis de conduire ou le permis bateau, moto ; vous pouvez aller plus souvent au théâtre ou au cinéma ; vous pouvez apprendre l'anglais ou même le chinois.

Mais vous pouvez apprendre tous les jours de toutes petites choses. Non pour étoffer votre culture, mais juste vous faire plaisir.

Nous vous proposons quelques idées :

- ✓ Ouvrez le dictionnaire et apprenez un nouveau mot de vocabulaire ;
- ✓ Tentez une nouvelle recette de cuisine ;
- ✓ Lisez la biographie de quelqu'un que vous aimez ;
- ✓ Demandez au primeur (au voisin, etc.) s'il va bien, où il est parti en vacances…
- ✓ Écoutez un album en entier (pas seulement les 3 chansons que vous aimez) ;
- ✓ Visionnez une conférence sur le net sur un thème qui vous intéresse ;
- ✓ Entrez dans une librairie et laissez-vous porter par votre intuition (voir p. 61) ;
- ✓ Apprenez à reconnaître le nom des arbres, des étoiles ou des oiseaux ;
- ✓ Interrogez un proche : quels sont ses qualités, ses défauts, selon lui ?

Ce petit pas anodin est en réalité très profond : nous sommes extrêmement exigeants vis-à-vis de nous comme des autres. Dans une quête d'idéal, nous essayons de correspondre à une image de soi qui peut tout faire, qui pense toujours juste, éprouve toujours bien. L'objectif ici est d'accepter de ne pas savoir, de ne pas être compétent pour une fois. Mais de se dire, de reconnaître qu'on peut toujours apprendre et progresser.

L'idée d'apprendre tout au long de la vie est aussi ancienne que la civilisation. Confucius le disait déjà : « Revoyez sans arrêt ce que vous savez déjà. Étudiez sans cesse du nouveau. Alors vous deviendrez un maître. »

18. JE SOURIS

C'est un petit rictus que nous vous proposons de faire entrer dans votre vie. Car les bienfaits du sourire, même forcé figurez-vous, ne sont plus à démontrer. En effet, 17 muscles et 17 secondes de sourire sont nécessaires pour inonder notre cerveau de bien-être. Le mouvement développé par les muscles faciaux au moment du sourire favorise la production d'endorphines et nous plonge dans un état de détente.

VOUS DOUTEZ ? LES SCIENTIFIQUES ONT MIS EN ÉVIDENCE QUE SOURIRE...

- oxygène le cerveau ;
- soulage le stress ;
- stimule notre système immunitaire ;
- libère des endorphines, qui sont des calmants naturels ;
- abaisse la tension artérielle ;
- protège des maladies cardio-vasculaires ;
- combat la dépression, l'insomnie, la peur et l'anxiété.

Faut-il vous forcer à apprendre des blagues Carambar par cœur et être plié en deux toute la journée ? Non, n'exagérons rien. Mais osez régulièrement le « sourire intérieur ». Cette pratique ancestrale nous vient des maîtres taoïstes pour qui le sourire est garant de santé, de bonheur et de longévité.

- Asseyez-vous confortablement, relâchez les épaules, posez les mains à plat sur vos cuisses et fermez les yeux ;
- Faites quelques respirations abdominales (voir p. 17), amples, profondes et aisées ;

› Imaginez une personne, une image ou une situation qui vous donne le sourire ;
› Commencez tout doucement à sourire, le plus sincèrement possible, comme si vous rendiez son sourire à la personne, au paysage, à l'événement ;
› Dirigez maintenant votre sourire en direction de chaque partie de votre corps, en commençant par les yeux, puis descendez dans le cou, le cœur, les poumons, l'estomac, le foie, les reins...
› Souriez à votre corps tout entier ;
› Enfin, offrez votre sourire à l'extérieur, en le laissant sortir par les yeux.

Au quotidien, forcez sur vos zygomatiques ! Votre esprit tout entier vous dira merci.

19. JE REVIENS AU MOMENT PRÉSENT

Votre petit pas, ici, est à la fois très simple et plutôt difficile à mettre en œuvre, avouons-le. Il faut dire que notre pensée part sans cesse dans tous les sens : elle rumine sur le passé, « J'aurais dû faire ci, être comme ça », ou projette dans l'avenir, « Il faut que je fasse ci, que je sois comme ça ». Ces « devoirs » dont nous avons précédemment parlé nous maintiennent dans un temps qui n'est pas celui du présent.

Les ruminations sur ce qui s'est passé hier vous emprisonnent encore aujourd'hui. Vous pouvez par exemple :

- Généraliser le passé de façon négative : « Mon enfance fut un désastre » ;
- Vous fixer sur des blessures ou des échecs : « Je ne me remettrai jamais de mon divorce » ;
- Regretter tel événement, tel choix : « Je n'aurais jamais dû déménager dans le Sud » ;
- Ou encore, idéaliser le passé : « Ce temps béni ne reviendra pas ».

Quant aux ruminations sur l'avenir, elles se manifestent sous deux formes :

- Vous idéalisez l'avenir, attendez tout de lui, espérez qu'enfin il comblera vos manques, vos failles. Vous passez ainsi à côté du moment présent et des expériences positives que vous pourriez pourtant vivre.
- Vous appréhendez l'avenir, pensez que le pire va nécessairement arriver, que vous serez incapable, incompétent, qu'un drame se trame à l'horizon. Vous passez de nouveau

à côté d'aujourd'hui et de ce que vous pourriez mettre en œuvre pour embellir votre existence.

Il vous faut revenir dans l'ici et maintenant. Une fois encore, n'essayez pas d'être plus royaliste que le roi. Compte tenu de la société dans laquelle vous vivez, de vos responsabilités, vous ne pouvez pas jouir de l'instant présent toute la journée ! Mais lorsque vous vous sentez embarqué dans ces projections mentales, tâchez toujours de revenir dans l'ici et maintenant.

Le but est d'être présent à ce que vous êtes en train de faire, de vivre. Par exemple, vous prenez une douche, vous jouez avec vos enfants, vous déjeunez, discutez avec un ami, marchez, regardez la mer, êtes dans le métro... Peu importe ce que vous vivez, le but ici est d'apaiser le mental et de retrouver le calme en laissant de côté vos divagations :

- Respirez profondément ;
- Relâchez votre corps pour le libérer des tensions ;
- Accueillez vos sensations (ce que vos cinq sens vous offrent à vivre).
- Accueillez vos émotions (appréhension, agacement, joie, mélancolie...)

› Prenez conscience de vos pensées, de votre discours intérieur, mais ne cherchez pas à les canaliser ou les décrypter. Elles vont et viennent, mais n'ont pas d'emprise sur vous.

20. JE ME FIE À MON INTUITION

« Je le savais, j'aurais dû m'écouter, je ne le sentais pas... » Nous vous entendons d'ici ! Vous vous en voulez régulièrement de ne pas vous être fié à votre intuition, à cette petite voix intérieure qui vous disait qu'un truc clochait ; ou au contraire qui vous disait d'y aller, de plonger, malgré tout. Au lieu de vous écouter, vous vous êtes probablement convaincu que vous aviez tort en raisonnant de façon très cartésienne.

Vous vous êtes dit « Je peux me tromper, je me fais des idées, la première impression n'est pas la bonne. »

Mais existe-t-elle, cette intuition ? Oui, et elle est même biologiquement exacte. Tout ce que vos sens perçoivent est transmis au cerveau qui traduit l'information en termes « c'est bon » ou « ce n'est pas bon ». S'ensuivent des réactions de captation (en cas de « c'est bon »), ou à l'inverse des réactions de défense, donc de fuite, de lutte ou de repli sur soi (en cas de « ce n'est pas bon »). Tout cela est automatique et échappe à la conscience. Mais le corps s'en souvient. Dès lors, à chaque fois que se présente à vous une situation ou un événement qui ressemble à une expérience passée et réveille des réactions similaires, vous éprouvez de l'attirance ou une forme de répulsion. Elle n'est pas de l'ordre du raisonnement mental mais de la sensation corporelle.

S'il faut apprendre à écouter ce que nous nommons intuition, c'est que le cerveau n'est pas bête, lui : il ne nous dicte pas des comportements pour rien ! Mais alors, comment faire ? Simplement la reconnaître, la laisser exister. Ne cherchez pas à l'éviter, à la contrôler, ni même à l'expliquer. Écoutez vos sensations, vos émotions, vos sentiments, les réactions de votre corps, les messages qu'il vous envoie lorsque vous vous trouvez devant une nouvelle personne, bien sûr, mais aussi dans une librairie, quand vous devez choisir un livre ou chez le fleuriste, quand vous confectionnez un bouquet.

Voici ce qu'écrit le Docteur Catherine Bensaïd dans le journal *Clés* : « Pour se fier à son intuition, il faut avoir la souplesse de s'y adapter au moment où cela est nécessaire, et peu à peu prendre l'habitude de vivre en tenant compte de ce qu'elle nous inspire*. » C'est le petit pas que nous vous proposons de faire, ici : prendre l'habitude de vous écouter sans chercher forcément à tout comprendre, légitimer, justifier.

* Catherine Bensaïd, « Fiez-vous à votre intuition ! », *Clés*, s.d. (http://www.cles.com/enquetes/article/fiez-vous-votre-intuition).

Mes petits pas à moi

Notez ici les *5 small steps* de l'esprit que vous préférez ; ceux qui vous inspirent et que vous pouvez mettre en œuvre rapidement, en fonction de vos envies et de votre tempérament, en tenant compte de la réalité (le temps, l'espace, les contraintes matérielles, physiques).

Par exemple, vous pouvez choisir de vous offrir 5 minutes de visualisation ou de sourire par jour ; travailler votre estime de soi pendant une petite semaine, pour voir ; être plus attentif aux signaux qui vous indiquent un état de stress ; ou vous engager à vous faire un compliment par jour – on n'est jamais mieux servi que par soi-même ! À vous !

1.
2.
3.
4.
5.

Chapitre 3

Les petits riens du quotidien

Ensoleillez votre quotidien ! Non, non, ne changez pas toutes vos habitudes. Voici 10 petits riens qui vous permettront de travailler à votre bonheur.

21. JE RETROUVE MON ÂME D'ENFANT

Certes, vous êtes adulte et responsable, majeur et vacciné. Vous ne pouvez pas faire preuve d'immaturité, vous comportez tel un enfant.

Ah oui ? Eh bien non ! Remettez un soupçon de spontanéité dans votre vie.

Personne ne vous demande de faire n'importe quoi ! Juste de vous accorder le droit de rêver, jouer, rire, découvrir, ne rien faire. Vous manquez d'inspiration ? Voici quelques idées qui ne feront pas de vous un mauvais parent, un conjoint immature ou un employé déplorable, mais auront le mérite d'ajouter un peu de joie dans votre vie :

✓ Faites-vous une énorme tartine pour le goûter.
✓ Restez pieds nus ou en pyjama toute une journée.
✓ Allongez-vous par terre et ne faites rien pendant 15 minutes.
✓ Préparez un repas que vous pourrez manger avec les doigts.
✓ Mettez des miettes dans votre poche et allez nourrir les oiseaux ou les canards.
✓ Allumez une bougie et regardez-la pendant 5 minutes.
✓ Imitez un animal.
✓ Pensez aux prochaines grandes vacances.
✓ Faites bouger vos orteils en leur faisant raconter une histoire.
✓ Regardez par la fenêtre 10 minutes.

✓ Gobez un petit-suisse en un coup.
✓ Déguisez-vous.
✓ Faites un joli dessin.

Laissez-vous simplement surprendre, sans autres formes de commentaires. Il s'agit pour nous, adultes, de retrouver notre âme d'enfant et de redécouvrir que la découverte est source de plaisir. Souvent, nous anticipons, nous projetons, nous essayons de maîtriser, de contrôler et nous ne nous étonnons plus. L'enfant, lui, conserve cette capacité à s'émouvoir de ce qui est nouveau, inattendu. Prenons-en de la graine !

22. JE METS DE L'ARGENT DE CÔTÉ

C'est le principe même des petits ruisseaux qui font les grandes rivières. Mettre de l'argent de côté, c'est mettre toutes les chances de votre côté pour vous offrir ensuite ce dont vous rêvez. Cerise sur le gâteau : votre petite réserve de noisettes vous sauvera la mise en cas de pépins. Bref, l'économie, c'est tout bénef !

Et c'est aussi excellent pour la santé mentale, d'après bien des études scientifiques. Les personnes qui parviennent à épargner seraient plus heureuses et plus patientes que les paniers percés. Elles parviennent à se projeter dans l'avenir et diminuent ainsi leur sentiment de frustration, lié au présent.

Comment faire, concrètement, pour oser ce petit pas ?

✓ Ouvrez un autre compte bancaire (ou fabriquez un bas de laine). Ce second compte ne servira qu'à vos économies. Attention ! Ne prévoyez aucune transaction ou prélèvement et ne demandez pas de carte bancaire. Vous pouvez suivre les conseils de votre banquier qui vous vantera les mérites d'une épargne rémunérée ; mais vous n'êtes nullement obligé d'y souscrire – rappelez-vous, la décision et donc le passage à l'action doivent être simplissimes.

✓ Dressez un plan. Au lieu de mettre de l'argent de côté de façon aléatoire, faites un plan et déterminez précisément le montant de vos économies. Combien ? À quel rythme ? En début ou en fin de mois ? Fixez-vous un objectif concret, précis, mais surtout raisonnable – rappelez-vous, doucement, mais sûrement.

✓ Troquez une mauvaise habitude contre de l'argent. Pour mettre un peu de fierté dans votre processus d'économie, choisissez d'arrêter net une certaine activité et d'économiser ce qu'elle vous coûtait pour le mettre de côté. Par exemple, chaque semaine, vous dépensiez 50 euros pour acheter des cigarettes. Si vous cessez de fumer, vous pourriez vous offrir un beau voyage à la fin de l'année – ça marche aussi avec les carrés de chocolat.

✓ Interrogez le sens de vos dépenses. Avez-vous envie de telle chose ? Ou en avez-vous besoin ? Prenez du recul quant à la publicité qui joue beaucoup sur le plan émotionnel et psychologique pour nous faire croire que telle ou telle chose est indispensable. L'envie est différente du besoin. Il ne s'agit pas de ne plus répondre à aucun de nos désirs, même les plus futiles, mais simplement d'en prendre conscience – ne serait-ce que pour récupérer notre libre arbitre.

N'oubliez pas de noter noir sur blanc votre objectif final : cela vous aidera à faire ces quelques efforts financiers.

23. J'ÉTEINS LES ÉCRANS

C'est un sujet polémique sur lequel on lit tout et son contraire. Certains évoquent un changement radical du cerveau et accusent les écrans de tous les maux : céphalées, vertiges, fatigue, cataracte, éruptions cutanées, problèmes liés à la grossesse... D'autres s'acharnent à mettre hors de cause les principaux suspects : les rayonnements divers et variés (lumineux, X, électromagnétiques, etc.)

Dans une interview, le chercheur Michel Desmurget, spécialisé en neurosciences cognitives, explique : « Le corps se développe en proportion de ce qu'on lui donne à manger, de comment on le nourrit. Le cerveau fonctionne de la même façon : plus le milieu est riche, plus il est porteur d'éléments de développement, plus le cerveau évolue. Cela fait plusieurs milliers d'années que le cerveau progresse. De toute évidence, ça n'est pas dans les écrans qu'on trouve de quoi "nourrir" le cerveau. Particulièrement le cerveau enfant*. »

De nouveau, inutile de partir en cure de détox digitale dans le Larzac ou de faire recycler la tablette, la télévision, la console et tous les portables de la famille. Mais tâchez de faire preuve de vigilance et de mesure dans votre consommation d'écran – qui se situe actuellement autour de 8 heures par jour. Un tout petit peu moins serait déjà un grand plus. Vous pouvez aussi choisir d'instaurer une journée sans écrans dans la semaine.

Et pour les enfants, on fait quoi ? Vous avez certainement entendu parler du slogan du CSA, « Pas d'écrans avant trois ans ! » Parce que ce n'est pas toujours facile, souvenez-vous de ces règles toutes simples – et valables jusqu'à sa majorité : limiter les écrans, choisir les programmes (les jeux, etc.), échanger sur ce qu'il a vu ou fait, expliquer le bon usage d'Internet. En un mot, accompagner sa consommation.

---

* Michel Desmurget, « Les conséquences sur le temps fou passé devant les écrans a sur notre cerveau », *Atlantico*, 8 mars 2014 (http://www.atlantico.fr/decryptage/consequences-que-temps-fou-passe-devant-ecrans-cerveau-michel-desmurget-1004028.html).

24. JE FAIS LE MÉNAGE ET LE TRI

Nettoyer, balayer, astiquer... Le programme ne paraît pas réjouissant. Et pourtant, faire le ménage et le tri est extrêmement bon pour le moral. Plus on met de l'ordre dans son intérieur, plus le calme règne à l'intérieur.

Le ménage est d'ailleurs un rituel dans toutes les religions et, dans toutes les cultures, un symbole de purification : d'avant Pâques chez les orthodoxes, de printemps chez les chrétiens, de Pessah chez les juifs, pour l'Aïd chez les musulmans, mais aussi au Japon et en Chine pour le Nouvel An. On atteint là une réalité universelle, qui n'a rien à voir avec les statistiques ou la sociologie : homme ou femme, nous avons besoin d'ordre et de propreté.

Bon, vous n'avez certainement pas besoin de nous pour savoir comment passer l'aspirateur. Cela dit, voici quelques astuces très simples qui vont vous permettre d'améliorer votre *home sweet home* :

- ✓ D'abord, considérez votre intérieur et les objets comme des êtres à part entière. Les objets sont porteurs d'énergies, ils véhiculent des ondes positives ou... négatives.

✓ Rangez tous les soirs, 5 minutes en semaine, 15 minutes le week-end.

✓ Planifiez une heure de grand ménage hebdomadaire ; établissez un plan de ménage en fonction des différentes zones de votre maison (salon, cuisine, chambres, etc.) ; écrivez un journal de bord pour organiser le tout.

✓ Rassemblez, triez et rangez les objets d'une même catégorie dans une même pièce (TOUS les papiers dans le bureau par exemple, TOUS vos vêtements dans la chambre, et ainsi de suite.)

✓ Débarrassez-vous de tout ce qui ne vous fait pas plaisir. Les vêtements, les bibelots, les livres, la vaisselle, les cadeaux, les souvenirs qui ne vous mettent pas ou plus en joie doivent quitter les lieux. Rassemblez-les au milieu d'une pièce et faites trois piles : je jette, je vends, je donne ou je garde.

✓ Ordonnez tout ce qui peut l'être, et notamment vos papiers.

✓ Côté déco, débarrassez-vous du superflu et acceptez de jeter pour mettre en valeur ce qui vous tient réellement à cœur. Ne conservez que les objets qui vous font vraiment plaisir.

✓ Ultime règle, mais règle fondamentale : attribuez une place définitive à vos objets et rangez-les au même endroit après utilisation – ne serait-ce que pour pouvoir les retrouver.

En mettant en œuvre ces conseils, vous gagnez sur trois tableaux : plus d'espace, plus de temps et plus d'énergie. Des petits pas particulièrement efficaces, donc.

25. J'ÉVITE DE REMETTRE AU LENDEMAIN

Nous venons de vous proposer d'ordonner tout ce qui peut l'être et notamment vos papiers. Sauf que voilà : vous êtes victime de procrastination. Vous savez, ce vilain défaut qui fait que vous remettez chaque corvée au lendemain. Et c'est ainsi que la paperasse s'entasse depuis des mois sur la console de l'entrée, que vous n'avez toujours pas pris rendez-vous chez l'ophtalmo, ni repeint les huisseries, comme prévu il y a maintenant 6 mois.

Le problème de la procrastination, c'est qu'elle vous gâche la vie en vous enfermant dans un paradoxe : vous pensez tout le temps à ce que vous devez faire, ou devriez faire, sans trouver la force de vous y mettre. Résultat, vous vous sentez coupable, frustré, déçu. Et rien n'avance, ça va de soi.

Eh bien, il existe un truc magique : votre cerveau. « Lancez-vous, ne serait-ce que 15 minutes, explique Gaëlle du Penhoat, coach et sophrologue, dans une interview de *Psychologies Magazine*. S'engager dans la réalisation d'une tâche incite à l'achever. » C'est « l'effet Zeigarnik », bien connu des scénaristes de séries, qui achèvent leurs épisodes avant leur dénouement. « Notre cerveau est conditionné pour terminer une action en cours. Sinon, elle reste en mémoire. Si vous la débutez, c'est (presque) gagné... »*

Y a plus qu'à. Prendre le premier relevé bancaire, décrocher le téléphone ou attraper un pinceau. Une fois la tâche effectuée, accordez-vous une petite récompense. Car oui, tout effort doit être récompensé, au moins par un joli compliment,

* « Je déteste la paperasse » dans le numéro d'octobre 2016 de *Psychologies Magazine*, Aurore Aimelet.

des sincères félicitations. C'est bon pour la motivation et l'estime de soi.

Pour les plus grands projets, la récompense doit être à la hauteur. N'hésitez pas à vous offrir :

- un CD, une musique à télécharger ;
- une séance de cinéma, un DVD ;
- une plante ou un arbuste ;
- une sortie : théâtre, concert, expo ;
- un massage ;
- un soin du visage, une pédicure ou manucure ;
- un objet de décoration ;
- un bouquet de fleurs ;
- un nouveau parfum ;
- un cours de danse, de dessin, de jardinage ;
- un don à une œuvre de bienfaisance.

L'EFFET ZEIGARNIK

Bluma Zeigarnik (1900-1988) est une psychologue américaine d'origine russe qui a découvert un effet mnésique et lui a donné son nom « l'effet Zeigarnik ». Pour la petite histoire, tout aurait commencé à la terrasse d'un café. La psychologue remarque que les serveurs retiennent la commande tant que celle-ci n'est pas achevée, et le client servi. Ensuite, ils la zappent ! Et se

→

libèrent l'esprit. Sous l'effet Zeigarnik, on se souvient mieux d'une tâche que l'on cherche à réaliser si celle-ci ne l'est pas (encore). Le fait de s'engager dans la réalisation d'une tâche crée une motivation d'achèvement qui resterait insatisfaite si la tâche est interrompue. En conclusion, quand on a un truc à faire, on s'en souvient.

26. J'AÈRE

Contrairement aux idées reçues, l'air intérieur se pollue plus vite que l'air extérieur. Or, nous passons 80 % de notre temps entre 4 murs. Sans en avoir l'air, les meubles, les tissus, les appareils

électroménagers et les produits d'entretien dégagent en permanence de nombreuses substances dans l'air que nous respirons. Vernis, produits de traitement du mobilier, colles, plastiques, peintures, tabac le remplissent de composés organiques.

La solution est toute simple : ventilez et laissez l'air frais entrer chez vous. Pour cela, quelques petits pas :

- ✓ Équipez votre maison d'un bon système de ventilation, surtout dans la cuisine et la salle de bains.
- ✓ Ouvrez vos fenêtres pendant une dizaine de minutes au moins une fois par jour même en plein hiver.
- ✓ Idéalement, créez un courant d'air ; de l'air frais et propre rentre et l'air chaud et humide est évacué.
- ✓ Évitez d'aérer entre 14 h et 18 h quand la pollution est au plus haut ; les meilleurs moments de la journée pour aérer sont le matin entre 8 h et 11 h et le soir, après 22 h.
- ✓ N'oubliez pas d'aérer votre voiture, ou les endroits où vous allez rarement (le garage, la remise...).
- ✓ Coupez le chauffage lorsque vous n'êtes pas là.

✓ Évitez également d'ouvrir vos fenêtres avec le chauffage allumé. Une maison chauffée à 19°C suffit largement !

27. JE LUTTE CONTRE LE GASPILLAGE (TEMPS, EAU, ÉNERGIE)

Nous vivons au cœur d'une société de consommation et dc... gaspillage ! Pour lutter contre ce fléau qui met en danger la planète dans son ensemble, de simples gestes suffisent :

✓ Éteignez la télévision et l'ordinateur : en effet, la plupart du temps, ces appareils restent en veille, parfois même sans que l'on s'en aperçoive.

✓ Évitez les sacs plastiques jetables : dans la nature, ils polluent non seulement le paysage, sont mortels pour certains animaux, et ne se dégradent pas facilement, mais représentent en plus un incroyable gaspillage d'énergie au moment de leur fabrication.

✓ Pensez à éteindre les lumières derrière vous, car on n'a pas encore trouvé de solution miracle pour éviter le gaspillage dû à l'éclairage.

- ✓ Économisez l'eau : prenez des douches plutôt que des bains, et fermez les robinets (notamment quand vous faites la vaisselle ou vous brossez les dents).
- ✓ Laissez refroidir les aliments avant de les mettre au réfrigérateur : la chaleur dégagée réchauffe le frigo qui utilise plus d'énergie pour conserver sa température.
- ✓ Mettez un couvercle sur vos casseroles lorsque vous faites bouillir de l'eau : vous gagnerez du temps et gaspillerez trois fois moins d'énergie.
- ✓ Pour isoler votre maison, choisissez le double vitrage, qui laissera moins pénétrer le froid et perdre la chaleur.

Quant au gaspillage alimentaire, nous avons aussi quelques efforts à faire...

- ✓ Avant d'aller au supermarché, faites une liste de courses pour éviter d'acheter n'importe quoi ! Et mangez un petit morceau.
- ✓ Rangez correctement votre frigo. Mettez ce qui doit être consommé en premier devant.
- ✓ Prenez l'habitude de congeler les restes. Le pain aussi.

✓ Les fruits trop mûrs font de très bons jus ou tartes ; les légumes sont parfaits pour la soupe ou en potée. Sinon, faites-en du compost.

✓ Lisez correctement les étiquettes : il y a une différence entre « à consommer jusqu'au » et « à consommer de préférence avant ». Le premier ne concerne que les produits périssables à court terme tels que les produits laitiers ou la viande.

28. JE METS DE LA MUSIQUE

C'est bien connu, la musique adoucit les mœurs. Mais ses bienfaits ne s'arrêtent pas là : d'un côté, elle soulagerait de la douleur, du stress et de l'anxiété ; et de l'autre, elle favoriserait la mémoire, les apprentissages et le sommeil. Le plaisir ressenti en écoutant ou en jouant de la musique entraîne la sécrétion d'endorphines. Nombre de mélomanes scientifiques se sont penchés sur la question et, preuves à l'appui, ont révélé les vertus de la musique.

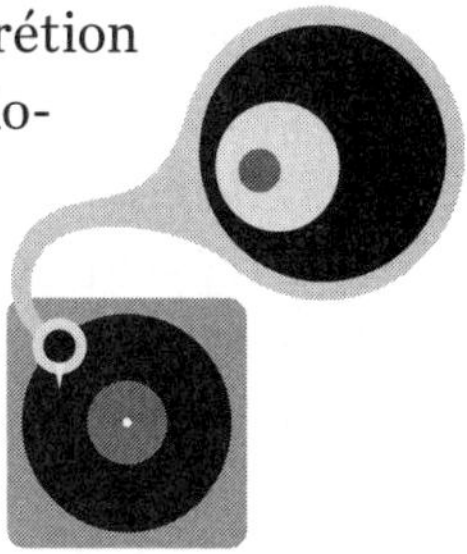

Elle est désormais incontournable au pays du bien-être et du calme : chant prénatal pour les femmes enceintes et berceuses pour les tout-petits ; musicothérapie en cas de coup de blues ; chant des baleines, clapotis des vagues et autres mélodies de flûtes indiennes en séances de relaxation. Tout est bon pour faire redescendre la pression.

À votre tour, mettez de la musique dans votre vie. Écoutez ce qui parvient à vos oreilles, mais aussi à votre corps tout entier puisque vous percevez les vibrations musicales et résonnez avec elles. Celles-ci provoquent des sensations et réveillent automatiquement des émotions. Raison pour laquelle telle mélodie vous donnera envie de danser, de chanter, quand sur telle autre, vous frissonnerez ou serez tout retourné.

La musique permet d'exprimer ses émotions. Et quand on n'a pas les mots pour dire ce qui ne va pas, elle est alors salutaire. Quand vous êtes anxieux, ou en colère ou simplement un peu triste, plongez dans votre playlist et mettez de la musique. Car elle a une fonction cathartique – du grec *kathartikos,* littéralement « qui purge, qui libère ». En écoutant votre morceau préféré, vous vous libérez d'une angoisse, d'une pression, d'une sensation douloureuse.

29. JE CULTIVE MON JARDIN (OU MA PLANTE VERTE)

Et si vous plantiez un pépin d'orange et regardiez pousser un petit arbre ? Qu'on se le dise, le jardinage est excellent pour la santé. D'abord, c'est bon pour la santé physique, car 3h30 avec son sécateur et son arrosoir équivalent à 1h50 de course à pied. Par ailleurs, c'est bon pour l'équilibre psychique puisque cultiver son jardin réduit le stress et favorise la concentration. Selon certaines recherches scientifiques, l'activité manuelle stimule la libération de dopamine dans le cerveau, une molécule qui engendre le plaisir.

Et puis, jardiner apprend la patience, cela redonne du sens au temps qui nous file toujours entre les doigts. Nous devons tout faire, tout le temps, tout de suite ! Ce culte de l'urgence nous fait perdre de vue la réalité, le rythme des saisons comme celui d'une journée. Jardiner, c'est aussi retrouver la valeur du geste, celui du travail et de l'effort. Et là encore, face au vertige de notre monde de plus en plus virtuel, cela permet de reprendre contact avec la réalité du monde vivant.

Si vous possédez un petit bout de terrain, n'hésitez plus : plantez ! Si vous êtes citadin, n'hésitez plus non plus : offrez-vous des plantes vertes. Pour ceux et celles qui n'ont pas la main verte, mais aimeraient eux aussi cohabiter avec la nature, voici quelques plantes increvables :

- Le chlorophytum : vous pouvez l'oublier plusieurs mois ;
- L'aspidistra : elle résiste aux pièces les plus sombres ;
- Le sansevieria : aussi design qu'increvable ;
- Le zamioculcas, le syngomium et le lierre : aucune maladie à déplorer ;
- Le spathiphyllum : si vous voulez en plus des fleurs.

30. JE TIENS UN JOURNAL DU BONHEUR

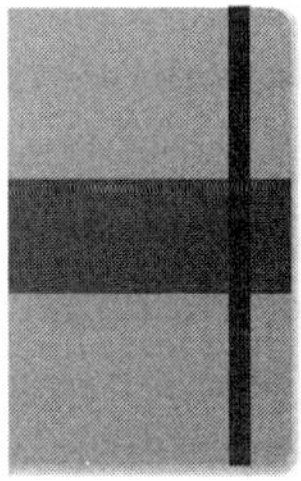

C'est la technique idéale, peu coûteuse en termes de temps, d'énergie et même de financement, pour changer de perspective et voir la vie en (un peu plus) rose. Il suffit simplement de tenir un journal du bonheur afin de prendre conscience de tout ce qui contribue à votre bien-être ; pour 1/ savourer ce qui est bon, beau, bien dans votre vie et 2/multiplier ensuite les sources de plaisir. Par ailleurs, « tenir un journal renforce l'immunité et améliore la sociabilité* », assure Tal Ben-Shahar, professeur et pro de la psychologie positive. Là encore, c'est un petit pas pour des effets de géant.

Concrètement, il vous suffit de passer à la librairie et de vous offrir un carnet. Choisissez-le joli, ça vous aidera. Puis prenez l'habitude, chaque soir, d'y inscrire au moins trois expériences positives vécues de la journée.

---

* Tal Ben-Shahar, *L'Apprentissage du Bonheur*, Paris, Belfond, 2008 (Paris, Pocket, 2011).

L'idée est de consacrer ces quelques minutes à relever, repérer tout ce qui vous a fait du bien, des paroles, des gestes, des pensées ou encore des sensations, des émotions, bref, tout ce que vous avez aimé, apprécié, des situations ou des événements qui vous ont fait plaisir, des activités qui vous ont procuré de la joie, ce que vous avez reçu des autres (un compliment, du temps, une oreille attentive...). Tout cela ne doit plus passer inaperçu !

Une foule de petites choses vous font plaisir au quotidien (un pain au chocolat, 20 minutes de marche, votre chanson préférée, un arbre particulièrement beau, etc.) Notez tous ces moments-là et tâchez de ressentir de la gratitude. Remerciez-vous, ou remerciez l'autre ou encore la vie, de ces petits bonheurs du quotidien.

Ce petit pas vous permettra de nuancer votre regard, bien souvent prompt au jugement et à la dramatisation. Vous vous dites probablement « La vie est dure » ou « Le bonheur n'est pas fait pour moi ! » Pourtant, si vous preniez l'habitude de voir et de considérer à sa juste valeur tout ce qui va bien dans votre vie, vous dresseriez un tableau moins noir de la réalité.

Mes petits pas à moi

Notez ici les *5 small steps* du quotidien que vous préférez ; ceux qui vous inspirent et que vous pouvez mettre en œuvre rapidement, en fonction de vos envies et de votre tempérament, en tenant compte de la réalité (le temps, l'espace, les contraintes matérielles, physiques).

Par exemple, vous pouvez choisir de commencer une cagnotte de 5 euros par semaine ou de 20 euros par mois ; de décréter que le mardi soir est un soir sans télé ; de ranger seulement votre cuisine, mais à fond ; de créer un compost sur le balcon ; de vous acheter une plante verte ou un journal du bonheur. À vous !

1.
2.
3.
4.
5.

Chapitre 4

Les petits riens de l'amour

Retombez amoureux ! Non, non, ne quittez pas votre conjoint. Voici 10 petits riens qui vous permettront d'enrichir votre relation. Et si vous êtes célibataire, de partir dès le départ sur de bonnes bases !

31. JE FAIS LA LISTE DE SES QUALITÉS

Ce qui a de terrible, en amour, c'est qu'après avoir auréolé son ou sa partenaire de toutes les vertus, nous l'affublons de tous les maux. Nous ne voyons plus quelles sont ses qualités, tous ces atouts qui nous avaient fait littéralement tomber sous le charme. Car forcément, le charme s'est un peu atténué, au fil des années. Et nous voilà aujourd'hui très occupé à râler contre tous ses vilains défauts.

Ce petit pas suppose un stylo et... un brin de bonne foi ! Remontez le cours de l'histoire et redressez la barre en dressant à nouveau la liste des qualités de votre conjoint. Comptez les raisons que vous avez d'être (heureux) auprès de lui, d'elle. Rappelez-vous pourquoi vous l'avez choisi, lui et pas un autre. Car souvenez-vous, même son côté maniaque ou sa tendance à l'angoisse vous amusait ou vous attendrissait.

Alors, comment est-il ? Quelle femme est-elle ? Quels sont ses points forts ? Pourquoi êtes-vous tombé amoureux ? Rouvrez les yeux ! Et entourez ci-contre ses qualités.

Brave
Courageux
Intrépide
Gentil
Agréable
Plaisant
Joyeux
Généreux
Positif
Enjoué
Rieur
Aimable
Harmonieux
Sociable
Vif d'esprit
Vigilant
Logique
Complaisant
Intègre
Honnête
Loyal
Digne
Méritant
Compréhensif
Sympathique
Naturel
Pur
Spontané
Modeste
Simple
Décontracté
Rassurant
Discret
Confiant
Doux
À l'écoute
Efficace
Calme
Volontaire
Prévenant
Passionné
Passionnant
Communicatif
Optimiste
Observateur
Humble
Travailleur
Humain
Raisonnable
Réaliste
Compétent
Lucide
Complaisant
Ordonné
Attentif
Prudent
Rationnel
Charitable
Ouvert
Adroit
Compétent
Capable
Doué
Matérialiste

32. JE SAVOURE LA ROUTINE

Évidemment, il ou elle est très occupé et vous êtes très pris de votre côté. Et puis, les contraintes du quotidien, la routine, les enfants, le métro, le boulot, le dodo ne font rien pour vous donner un coup de main, un coup de fouet. Certes, vous savez qu'il est judicieux de passer des moments en tête à tête et de partager des activités avec votre cher et tendre. D'ailleurs, vous seriez bien partis en week-end à Rome. Vous auriez bien pris un abonnement à l'opéra. Mais vous arrivez tout juste à vous échapper pour un ciné, une fois par mois.

De nouveau, l'idée de cet ouvrage est d'avancer doucement, mais sûrement. Or, pour se retrouver à deux, il n'est pas nécessaire de faire de grands projets. Choisissez simplement d'un

commun accord avec votre moitié de savourer plus intensément l'une de vos habitudes. Oui, vous avez bien lu. Les habitudes peuvent peser, mais elles sont aussi réconfortantes, ressourçantes. Elles peuvent être l'occasion de se retrouver.

Interrogez-vous : pourquoi tenez-vous tant à votre dîner du lundi entre ami(e)s ? Pourquoi chaque mois, vous aimez ce moment où vous vous rendez chez votre coiffeur préféré ? Parce que ces routines sont indispensables à votre équilibre ! Eh bien, convenez que celles que vous avez construites en couple ne sont pas toutes désespérantes, loin de là.

Pour le psychiatre Christophe André, « les relations profondes et durables se bâtissent par la répétition de petits moments d'amour. Ces moments ont un effet sur notre corps, notre esprit et notre cerveau, lequel se synchronise avec celui de la personne aimée* ». Tâchez d'organiser, dans un contexte qui rassure, des rencontres régulières et des activités pratiquées en commun, dans le souci du bien-être

* Christophe André, « Comment faire durer l'amour ? », *Cerveau & Psycho*, n° 69, mai-juin 2015 (http://www.cerveauetpsycho.fr/ewb_pages/a/article-comment-faire-durer-l-apos-amour-35228.php).

de l'autre. Un soir dans la semaine, ou tous les quinze jours, ou encore tous les mois, décidez de savourer ensemble vos petites habitudes, par exemple :

✓ Dîner plus tôt
✓ Vous faire livrer un bon repas
✓ Sortir (une expo, un ciné, un concert ou tout simplement une balade)
✓ Faire une grasse matinée
✓ Lire le même article et en parler
✓ Vous masser
✓ Regarder une série TV
✓ Etc.

L'idée ici est de ne plus subir le quotidien, mais de lui donner une autre dimension, ou plutôt de la lui reconnaître. Car il a, lui aussi, un sens et une fonction. Et il peut être source de plaisir. Rappelons d'ailleurs que le cerveau est très peu enclin aux changements puisque ceux-ci l'obligent à une adaptation. Accompagnez ce penchant naturel pour l'habitude et savourez-la au lieu de vous en plaindre.

33. JE LE/LA SURPRENDS

Ce petit pas peut, à première vue, sembler contraire au précédent. Même si elle a très mauvaise réputation en amour, la routine est inévitable. Ce qui est dangereux dans le train-train quotidien n'est pas l'habitude en soi : c'est de vivre l'un à côté de l'autre sans se voir parce qu'on a l'impression de se connaître par cœur. C'est alors que le sentiment d'ennui apparaît. Et avec lui, la frustration.

Que faire alors ? Ce qu'on lit ici et là dans la presse magazine et qu'on entend à la machine à café ? Jouer au clown ? À la femme fatale ? L'idée ici n'est pas de se contraindre à surprendre son alter ego avec des artifices plus sophistiqués les uns que les autres. Et moins encore de se trahir soi-même pour répondre ou correspondre à des diktats sociétaux.

Il s'agit simplement d'oser. Oser faire un jeu de mots ou porter une tenue sexy, certes. Mais oser aussi les mots doux, les cadeaux, les compliments, une sortie, une invitation, une attention particulière, un regard, une proposition. La surprise peut être minuscule, comme une sorte de fulgurance. L'objectif est qu'elle mette de la fantaisie dans le quotidien et redonne un peu de mystère chez celui ou celle qu'on pense, ou plutôt qu'on juge… prévisible.

C'est l'un des écueils de la relation à long terme. En couple, nous pouvons rester un peu figés dans le rôle qui nous a été tacitement dévolu : nous sommes celui qui organise tout par exemple, ou celle qui écoute. Et nous n'osons plus nous départir de ce costume qui nous va si bien ! Résultat, nous n'osons plus nous exprimer, proposer, innover.

Continuer à surprendre l'autre peut être tout simplement oser des émotions, des pensées ou des comportements. Sourire ou pleurer quand vous éprouvez de la joie ou de la tristesse ; dire ce que vous pensez même si vous n'êtes pas d'accord ; oser faire le pitre ou vous montrer empathique, même si ce n'est pas votre rôle habituel.

Il s'agit de rester vrai, de rester soi, mais aussi de cultiver l'envie de plaire et de partager, inventer, réinventer pour mettre un peu d'enchantement, de piment. Et nul besoin de vous forcer : soyez à l'écoute de vos envies et de votre intuition.

34. J'ARRÊTE DE VOULOIR CHANGER L'AUTRE

Ce petit pas-là n'est pas évident, autant vous le dire tout de suite. Seulement, il peut vous soulager instantanément (OK, avec un peu d'entraînement) d'une pression et d'une exigence qui ternissent et polluent votre couple. C'est dire s'il vaut la peine d'être entrepris. Ou, du moins, réfléchi, interrogé, médité !

Voilà le problème : nous passons une bonne partie de notre vie amoureuse à vouloir changer l'autre. Nous pensons que s'il était différent, plus beau, plus riche et plus intelligent, mais surtout plus à l'écoute, compréhensif et empathique, tout irait mieux pour lui (comprenez tout irait mieux pour nous.)

Sauf que... nous ne pouvons pas changer autrui s'il ne le souhaite pas lui-même ! C'est un fait avéré si l'on considère le nombre de gens qui s'y sont cassé les dents. Il est parfaitement inutile et vain, presque absurde d'attendre de l'autre :

- qu'il ne ressente pas ce qu'il ressent (ou qu'il ressente ce qu'il ne ressent pas)
- qu'il pense différemment de la façon dont il pense (c'est-à-dire pas totalement comme vous)
- qu'il se comporte ou réagisse autrement (c'est-à-dire pas forcément pour vous plaire, vous sécuriser, vous reconnaître, vous expliquer, etc.)

Votre conjoint éprouve, réfléchit et réagit à sa façon, en fonction de son histoire, de son vécu, mais aussi de ses envies, peurs, désirs, fragilités, etc. Son cerveau, que vous le vouliez ou non, fonctionne au mieux pour garantir sa survie à lui, et non la vôtre ! Voilà. Tout est dit. Personne, cependant, ne dit que c'est facile à admettre. Mais vous n'avez pas le choix : il vous faut (consentir à) l'aimer comme il est ou telle qu'elle est.

Votre petit pas du jour pourrait se résumer à un mantra : « J'accepte de l'aimer, j'arrête de vouloir le changer. » Vous pouvez l'écrire sur un post-it et l'afficher sur le frigo. Mais mettez-vous bien ça en tête. Vous ne perdrez plus inutilement tant de temps et d'énergie. Et vous éviterez du même coup nombre de frustrations et de ruminations parfaitement stériles.

35. JE TEMPÈRE MON PERFECTIONNISME

Vous connaissez très probablement des moments de désarroi où la frustration vous gagne, où la déception vous guette. Vous êtes contrarié, car quelque chose ne va pas dans votre couple, vous le sentez. Mais, avant de vous attaquer au problème, si tant est qu'il y en ait un, réfléchissez : n'êtes-vous pas en train d'exiger, de votre conjoint et/ou de votre couple, la perfection ?

Ce petit pas est un pas de recul pour vérifier que vous n'êtes pas atteint de la maladie du siècle : le perfectionnisme aigu. Car il peut faire des ravages en amour. Quels signes doivent vous alerter ?

- Vous avez le sentiment de devoir en faire toujours plus et qu'il ou elle fasse toujours mieux.
- Vous pensez que la valeur de votre couple dépend de vos succès, de vos réussites.
- Vous critiquez régulièrement votre façon de penser, de vivre, de travailler, de réagir, de parler... et la sienne.
- Vous estimez que si votre relation n'est pas au beau fixe, elle ne va pas bien.
- Vous vous fixez un idéal de bonheur impossible à atteindre.
- Vous fonctionnez sur le mode du « tout ou rien ».
- Finalement, vous vous autorisez peu à éprouver du plaisir à deux.
- Vous êtes plutôt intolérant et râlez, pestez régulièrement contre le quotidien.
- Vous avez peur des conflits, des mises au point et redoutez la rupture.

Si vous vous reconnaissez dans ce portrait, il est temps de remettre un peu de joie dans votre existence. Ce n'est pas nécessairement votre couple qui va mal, c'est vous qui avez du mal à savourer et cultiver le bonheur. Or, vous en êtes responsable ! Dans son ouvrage, la chercheuse américaine Sonja Lyubomirsky* affirme que 40 % de notre bonheur dépend de nous. Données scientifiques à l'appui, elle assure que, question bonheur, le capital de départ compterait pour 50 % et les circonstances extérieures pour 10 %. Les derniers 40 % représentent notre investissement personnel, ce qui nous laisse une bonne marge de manœuvre.

Le parfait antidote pour tempérer le perfectionnisme est de retrouver le goût du plaisir. Menez l'enquête : où, quand, comment, pourquoi éprouvez-vous du plaisir avec votre moitié ? Et multipliez ces expériences, intégrez-les davantage dans votre emploi du temps.

* Sonja Lyubomirsky, *Comment être heureux… et le rester*, Paris, Flammarion, 2008 (Paris, Marabout, 2013).

36. J'AGIS EN CAS DE PROBLÈME

Cette petite mise au point avec vous-même faite, ne laissez pas la frustration gagner du terrain : agissez ! Comme nous l'avons dit à plusieurs reprises, vous ne pouvez pas attendre de l'extérieur qu'il règle un problème intérieur : c'est bien vous qui éprouvez de la frustration, pas nécessairement votre conjoint et encore moins le voisin.

Or quand on a un problème, le mieux à faire reste encore de voir comment on peut le résoudre ! Ça paraît évident quand on a une fuite d'eau ou une panne d'imprimante. Eh bien, c'est le même principe pour la vie conjugale !

Prenons un exemple très concret. Vous vous rendez malade parce que, selon vous, votre conjoint manque d'attention. Vous n'avez pas de fièvre, non. Simplement, vous êtes frustré : vous avez l'impression d'être une plante verte, de parler dans le vide, de n'être jamais aidé, épaulé. Parfois, vous râlez, vous vous en voulez, ou plutôt lui en voulez, vous hurlez, vous pleurez, vous vous réfugiez dans le silence ou la distance, vous fuyez. Bref, vous souffrez. Que faire ?

La première étape suppose un arrêt sur image et de la réflexion. Qu'est-ce qui vous contrarie (vraiment) ? Il vous faut identifier le problème afin de ne pas vous tromper (de problème...). Qu'est-ce qui vous perturbe ? Le silence de votre conjoint, son absence, ses retards, quoi précisément ? Mais ne vous arrêtez pas en si bon chemin. Tâchez de comprendre ce que cela cache, à quoi cela vous renvoie. Par exemple, avez-vous besoin de contrôle ? Quel est le niveau de votre exigence ? Demandez-vous ensuite quel est votre besoin. Que « tout roule » ? Que tout soit parfait ? Que votre conjoint change de comportement et vous « respecte » ? Très bien. Mais encore ? N'est-ce pas plutôt de reconnaissance et de valorisation dont vous avez besoin ? Or, ne pouvez-vous pas faire en sorte de créer vous-même de meilleures circonstances pour accéder à ce retour ?

Puis, jouez au pro du management en choisissant l'une des méthodes de résolution de problèmes qui ont fait leurs preuves, comme la Roue de Deming*, par exemple :

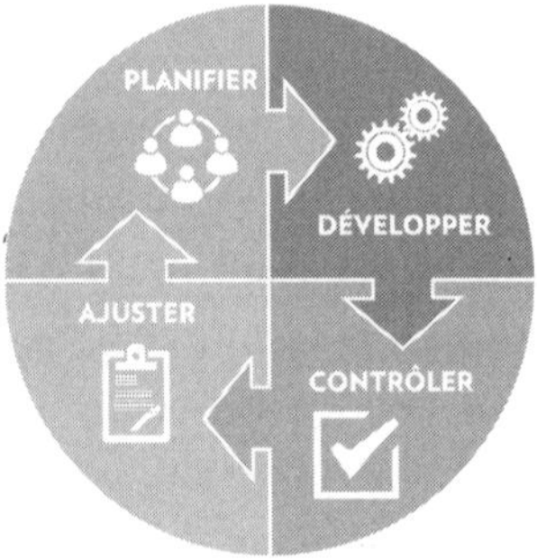

- Planifier : c'est le temps de la préparation, vous définissez un plan d'attaque. Si par exemple, vous avez besoin de soutien, demandez-vous comment concrètement en obtenir.
- Développer : c'est une phase d'actions, vous faites ce que vous avez dit que vous ferez ! Par exemple, demander à votre conjoint un coup de main au lieu de maugréer tout seul dans votre coin.
- Contrôler : c'est le stade de la vérification, vous vérifiez que ce qui a été mis en œuvre a porté ses fruits. Ça marche ? Ça ne marche pas ?

* Du nom du statisticien William Edwards Deming, la roue de Deming (de l'anglais *Deming wheel*) est un moyen mnémotechnique qui permet de repérer les étapes à suivre pour venir à bout d'une difficulté (en anglais, PDCA, *plan-do-check-act*).

- Ajuster : c'est la nécessaire adaptation, si les résultats ne sont pas là, vous retournez à la case "planifier". Que pouvez-vous imaginer d'autre ?

37. JE LE/LA REDÉCOUVRE

De la même façon qu'avec le temps, vous vous êtes sans doute construit un rôle, une fonction, une place au sein de votre couple (et vous sentez un peu enfermé dans le costume), vous en avez fait probablement de même avec votre cher et tendre. Lequel peut donc à son tour se sentir un peu contraint de revêtir en permanence son propre costume, l'image que vous vous faites de lui, d'elle.

Or les gens changent, comme dit le bon sens populaire. Tout est mouvement, les personnes, les cultures, les saisons, la vie même est mouvement. Vous n'êtes pas la même personne qu'il y a 10 ou 20 ans ; il ou elle non plus ! Pourquoi, dès lors, vouloir que votre conjoint reste le même ?

Parce que cela vous rassure ? Certes. Mais le re-découvrir, la re-connaître ne serait pas une mauvaise idée. Ce serait même un petit pas pertinent pour sortir un peu des sentiers battus.

Il suffit pour cela de mettre en œuvre vos 5 sens. Pas tout le temps, rassurez-vous ! Mais régulièrement, tâchez de porter votre attention sur l'autre, comme si vous le voyiez pour la première fois, sans jugement ni commentaire, sans *a priori* non plus :

✓ Regardez l'autre, observez-le : comment se tient-il ? comment est-il habillé ?
✓ Écoutez-le : que dit-il ? quel est le ton de sa voix ?
✓ Touchez-le : est-il détendu ? crispé ? que ressentez-vous ?
✓ Sentez-le : quel est son parfum ? son odeur est-elle agréable ?
✓ Embrassez-le : quel goût a-t-il ?

C'est une façon ludique de partir à la découverte de celui ou celle que vous fréquentez depuis longtemps. Mais c'est aussi une marque de respect et d'estime pour la personne qu'il est au présent, non pas celle que vous avez rencontrée dans le passé, ni celle que vous espérez qu'elle devienne dans le futur. Ainsi, vous vous débarrassez de toutes ces projections qui enferment chacun dans une fonction, un devoir.

Et puis, porter cette attention particulière, de façon délibérée, à l'autre, c'est se donner la chance de rectifier le tir quand il en est encore temps. Souvent englués dans un quotidien qui laisse peu de temps à l'écoute, nous ne voyons pas que l'autre va moins bien, est stressé ou déprimé. En prenant l'habitude de mieux le voir et de l'écouter en vrai, en *live*, nous sommes plus à même de comprendre ses besoins. Et donc d'y répondre.

38. JE SORS DE L'IDÉALISATION DU COUPLE

Certes, les papillons dans le ventre et la sensation d'être comblé, compris, d'avoir trouvé sa moitié, c'est excitant, c'est rassurant. Mais force est de constater que cet état un peu magique s'atténue avec le temps. Rien d'anormal là-dedans : la passion n'est pas faite pour durer. Que voulez-vous ? Le cerveau s'habitue à tout, même au meilleur. Résultat : il ne le savoure plus, du moins plus autant.

Ce phénomène d'habituation a fait l'objet de nombreuses expériences scientifiques. Par exemple, être privé de quelque chose (d'eau chaude, par exemple) permet d'apprécier davantage ce qu'il y a de bon dans notre quotidien (notre douche matinale). Mais si nous en bénéficions en permanence, eh bien, nous n'y pensons même plus. C'est acquis ! Comme votre couple ?

L'idée ici n'est évidemment pas de vous séparer pour mieux vous retrouver – encore que, un petit week-end chacun de son côté ne serait pas une mauvaise idée. Le petit pas du jour consiste à sortir du fantasme et de l'idéalisation, de grandir un peu et de devenir adulte – ce qui ne veut pas dire austère ! Non, l'amour ne suppose pas la folie douce à long terme. Dans l'Antiquité, les Grecs avaient trois mots pour désigner l'amour :

- Éros, c'est l'amour physique, le désir qui appelle le contact charnel. C'est le sentiment passionnel, intense et possessif, celui qui nous met dans un état un peu second, il faut le dire.
- Philia, c'est l'amitié, la relation d'estime, le sentiment de réciprocité, l'amour désintéressé. Débarrassé des passions humaines,

on souhaite le bonheur de l'autre, on prend soin de lui et plus seulement de soi.

- Agapé, c'est l'amour altruiste, celui que l'on porte à son prochain sans rien attendre en retour. C'est celui qui nous pousse à aimer même ceux et celles que nous ne connaissons pas.

Il n'y a pas qu'Éros dans la vie ! Accueillez avec joie Philia et Agapé : ces amours-là sont aussi dignes de ce nom que la passion. Faites preuve d'indulgence, de lucidité et de douceur plutôt que d'exigence.

39. JE GARDE UN JARDIN SECRET

Faut-il tout dire en amour ? La question fait débat... Il y a les partisans du « Nous, on se dit tout », autrement appelé le « Il n'y a pas de secrets entre nous ». Et ceux qui hésitent à tout mettre en commun. Un peu comme le « pour ou contre » le contrat de mariage ou celui du compte commun !

Tout le monde a un jardin secret, plus ou moins garni et complexe. Dans nos terrains vagues, on peut trouver une peur, une faiblesse, une infidélité, un désir tabou, une expérience honteuse, de bien vilaines pensées, un choc émotionnel, les confidences d'un ami, bref, il y en a pour tous les goûts ! Faut-il s'ouvrir à l'autre ? Ne jamais rien se cacher ? Garder pour soi des zones d'ombre, est-ce mentir ? Et trahir la confiance de l'autre ?

Chacun a son idée. Mais il convient de se poser la seule question qui vaille que l'on y réponde : pour quoi, pour quelle raison, partagez-vous telle information avec votre conjoint ? Car, inconsciemment, vous pourriez libérer votre parole pour de mauvaises raisons : vous pourriez simplement rechercher votre propre bien-être (soulager votre conscience, par exemple, ou être rassuré sur votre grande complicité) sans songer à celui de l'autre.

Si votre jardin secret est un refuge, quelque chose de vous que vous souhaitez garder pour ne pas être blessé ou blesser votre entourage, il n'est sans doute pas aussi toxique que vous le craignez. Tout est question de dosage et d'équilibre, en plus de vos croyances en matière de mensonges/vérités.

Par ailleurs, le couple fusionnel, c'est un beau concept. Mais c'est un concept un peu étouffant. L'idée ici est de conserver votre autonomie – et de respecter celle de l'autre. Vous êtes deux mais avez chacun votre propre façon d'être, de faire, de dire, de penser, d'aimer, d'exister ; vos propres états d'âme aussi. Pour trouver l'harmonie, sans doute faut-il jouer de concert ; mais savoir aussi faire de la musique en solo...

40. JE FAIS DES PROJETS

« Aimer, c'est regarder dans la même direction », écrivait Antoine de Saint-Exupéry. Rien de tel qu'un projet, qu'un vœu cher aux deux amants, pour souder un couple. Peu importe que l'on rêve ensemble d'acquérir la maison du bonheur, de partir faire un trek au Népal en amoureux, ou, plus simplement, d'organiser une

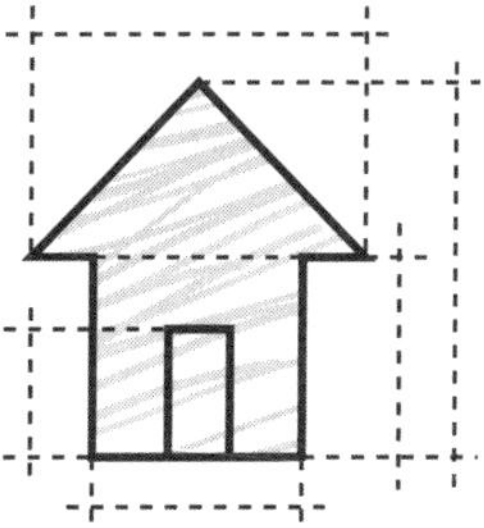

fête samedi en 8 et d'emmener toute la smala au zoo le même jour, l'essentiel est d'être raccord ! De voir un peu plus loin et ensemble.

Vous manquez d'inspiration ? Prenez une feuille de papier et écrivez en gros les différents thèmes sur lesquels vous allez plancher – à deux, donc. Pour chacun de ces thèmes, écrivez vos rêves, désirs, projets, envies, objectifs, aspirations, etc.

- Les loisirs : par exemple, où rêvez-vous de voyager ? qu'aimeriez-vous découvrir ? Quelle activité souhaiteriez-vous entreprendre, apprendre ?
- La santé : par exemple, voulez-vous vous mettre au sport, perdre du poids, arrêter de fumer ?
- Les relations : par exemple, quels amis aimeriez-vous gardez pour la vie ? Que voulez-vous partagez avec eux ? Aimeriez-vous vous ouvrir à d'autres cercles ?
- La carrière, les finances : par exemple, quel métier rêveriez-vous de faire ? Quels sont vos projets financiers ?
- La famille : par exemple, voulez-vous des (autres) enfants ? Quelles relations aimeriez-vous entretenir avec vos proches ?
- Le développement personnel : où aimeriez-vous vous installer ? Quelles compétences voudriez-vous acquérir ?

Pour Robert Neuberger, psychiatre et psychanalyste, les projets sont essentiels au couple « qui ne peut pas survivre sans matérialité. Car le couple repose sur des fondements fragiles. Sans projets, il risque de s'endormir* ». Alors, allez-y ! 1, 2, 3... projetez ! Notez noir sur blanc vos projets et prenez-vous par la main pour les mener à bien.

Mes petits pas à moi

Notez ici les 5 *small steps* de l'amour que vous préférez ; ceux qui vous inspirent et que vous pouvez mettre en œuvre rapidement, en fonction de vos envies et de votre tempérament, en tenant compte de la réalité (le temps, l'espace, les contraintes matérielles, physiques).
Par exemple, vous pouvez dresser le portrait de votre conjoint en listant ses qualités et le lui offrir ; choisir de vous faire un plateau-série tous les mercredis ; décider de tempérer votre perfectionnisme ou d'agir sur tel problème ;
→

* Cité par Marie Le Marois, « Avoir un projet de couple, un élan vital », *Psychologies Magazine*, s.d. (http://www.psychologies.com/Couple/Vie-de-couple/Amour/Articles-et-Dossiers/Les-secrets-des-couples-qui-durent/Avoir-un-projet-de-couple-un-elan-vital).

ou encore de préparer la liste de vos projets communs pour y travailler à deux, dès ce soir. À vous !

1.
2.
3.
4.
5.

Chapitre 5

Les petits riens des relations

Embellissez vos relations ! Non, non, n'essayez pas de plaire à tout le monde. Voici 10 petits riens qui créeront des liens sincères.

41. JE COMPTE LES RAISONS DE LES AIMER

Évidemment, avec le temps, va, tout s'en va ! Et pas qu'en couple ! On ne sait même plus ce qui nous lie aux autres, proches ou moins proches. De la même façon que vous avez fait la liste de ce que vous appréciez chez votre conjoint, votre petit pas du jour est de faire un état des lieux pour chacune de vos fréquentations, du moins les plus importantes.

> Pourquoi (pour quelles raisons) aimez-vous telle personne ? Prenez une feuille et un stylo, puis tâchez d'identifier tout ce qui fait d'elle une personne unique. Inscrivez, par exemple, ce que vous appréciez chez elle :
> - Ses aptitudes :
> - Ses qualités :
> - Ses désirs, ses rêves :
> - Ses failles, ses fragilités :
> - Ses valeurs :

Voyez cette personne de façon plus positive, vous qui, bien souvent, lui reprochez d'être ceci ou cela. Il ne s'agit pas d'idéaliser cet autre, mais de lui reconnaître une personnalité propre qui est, de fait, précieuse pour vous. Remémorez-vous votre histoire commune, cela vous aidera sans doute. Mais n'hésitez pas non plus à imaginer ce que vous penseriez si vous la rencontriez aujourd'hui pour la première fois. Vous plairait-elle ? Pourquoi ? Euh... non. Pour quoi ?

42. JE SUIS PRÉSENT EN LEUR PRÉSENCE

Bien souvent, lorsque nous sommes en compagnie des autres, amis, famille ou simples relations, nous sommes là sans y être. Nous sommes un peu perdus dans nos pensées. Nous nous rappelons qu'il nous faut téléphoner au dentiste ou préparer la réunion de lundi. Nous ruminons sur la dernière bêtise de notre cadet ou sur la froideur incompréhensible de notre collègue. Ou nous sommes fatigués et simplement inattentifs.

Il s'agit ici, pas tout le temps rassurez-vous, de faire preuve de plus de vigilance, de vous concentrer davantage sur l'autre. Régulièrement lors de vos rencontres, tâchez de vivre ces moments avec plus d'intensité, c'est-à-dire de mettre vos quatre sens en éveil (non, vous n'allez pas goûter l'autre...) et de profiter pleinement des informations que ceux-ci vous envoient.

Ce petit pas est la continuité de celui que vous avez entrepris vis-à-vis de votre conjoint. Souvenez-vous, il s'agissait de sortir des sentiers battus et de vous autoriser, parfois, à le redécouvrir au présent, tel qu'il est, au-delà de vos attentes et commentaires. L'idée, ici, est la même : faire acte de présence lorsque vous êtes en présence de l'autre.

Car ainsi vous pourrez parvenir à saisir tout son langage non verbal. Depuis les recherches d'Albert Mehrabian, professeur de psychologie américain, nous connaissons la règle des 3V : 7 % de la communication est verbale (les mots) ; 38 % de la communication est vocale (intonation et son de la voix) et 55 % de la communication est visuelle. Porter votre attention sur les 93 % du message subliminal de votre interlocuteur pourrait par ailleurs vous éviter bien des quiproquos et autres malentendus.

43. J'ARRÊTE DE ME PLAINDRE, DE RÂLER

C'est un sport national ! Selon Christine Lewicki, « une personne râle en moyenne 15 à 30 fois par jour... Si cela devient vite insupportable pour son entourage, c'est finalement tout aussi énervant pour soi-même :

frustrant, agaçant, fatigant* ». De quoi pourrir nos relations. Évidemment, cela va être un peu compliqué de tempérer ce penchant pour la lamentation en deux coups de cuillères à pot.

Car nous ne râlons jamais pour rien, mais plutôt pour un rien. Lorsque nous nous plaignons, reconnaissons que nous avons bel et bien perçu que quelque chose n'allait pas. Et nous le disons haut et fort ! Mais un peu n'importe comment, convenons-en...

Que faire alors ? Simplement apprendre à s'exprimer correctement. C'est-à-dire parler de soi et uniquement de soi, en évitant les commentaires et autres projections sur l'autre. La méthode suivante est inspirée de la Communication NonViolente (CNV), un processus créé par Marshall B. Rosenberg dans les années 1970.

* Christine Lewicki, *J'arrête de râler*, Paris, Eyrolles, 2011 (Paris, Pocket, 2014).

Prenons par exemple le cas d'un proche à qui vous demandez quelque chose et qui ne répond pas.

- Commencez par exposer la situation, les faits et seulement les faits, pas l'effet que les faits vous ont fait. Vous décrivez ce que vous avez vu ou entendu, ce que vos cinq sens ont perçu, point. « Je t'ai posé une question, mais tu ne m'as pas répondu. »
- Parlez ensuite de ce que vous avez ressenti, éprouvé. Vous expliquez ici vos sensations, sentiments, émotions. « Je suis en colère, agacé, tendu... »
- Puis, évoquez ce dont vous avez besoin en utilisant le « je ». Ne dites pas « J'ai besoin que tu m'écoutes » dites plutôt « J'ai besoin d'être écouté ».
- Enfin, formulez une demande concrète, réaliste, positive et négociable, « Serais-tu d'accord pour... »

Ces 4 étapes sont valables dans n'importe quelle situation, pour n'importe quelle relation. Thomas d'Ansembourg, spécialiste du sujet, rappelle dans une interview : « La CNV donne une structure pour éviter d'être submergé et de tomber dans l'interprétation. Mais ce n'est pas un truc ou une astuce magique ! L'idée est d'intégrer une nouvelle façon d'être en lien avec l'autre*. »

44. J'APPRENDS À ÉCOUTER

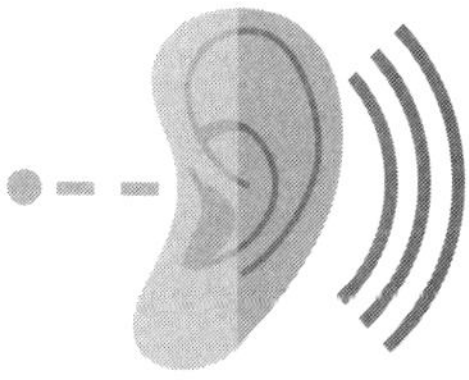

Bien s'entendre avec les autres, c'est aussi apprendre à les… entendre. Deuxième source de malentendus, la façon dont nous écoutons le message de notre interlocuteur nous éloigne très souvent de la réalité et pollue nos relations en créant des sentiments de frustration, de déception, de contrariétés divers et variés.

Or il existe un outil très simple pour adoucir vos échanges. Cela s'appelle la reformulation. Cette technique, au cœur la méthode Gordon**, invite à une écoute dite « active ». L'idée est de vous assurer que vous avez bien compris l'autre

* « Se faire écouter, comprendre et respecter », *Psychologies* Magazine, septembre 2016.
** Du nom de Thomas Gordon, psychologue américain, qui propose dans les années 1960 une nouvelle méthode de communication, particulièrement opportune entre parents et enfants. Pour en savoir plus : www.ateliergordon.com

avant de lui tomber dessus ! Il convient de vous éloigner de la volonté de contrôle, consciente ou non, qui vous fait penser que si vous menez correctement l'échange, vous obtiendrez... gain de cause !

Concrètement, voici votre petit pas. Quand vous vous lancez dans un échange à haut risque émotionnel, tâchez de :

- Reprendre les propos de votre interlocuteur à votre façon, avec vos mots (ne répétez pas tel un perroquet)
- Poser des questions (et surtout écouter les réponses), si possible « ouvertes »
- Proposer de synthétiser (mais sans imposer votre point de vue)

Attention ! Cette méthode est « un état d'esprit plus qu'une boîte à outils ! explique Delphine Bardon, formatrice. S'ouvrir à l'autre, c'est l'accepter tel qu'il est, avec ses contradictions, sa mauvaise foi ou son déni, accueillir son altérité puisque chacun interprète la réalité à sa façon. C'est aussi accepter d'être bouleversé, mal compris ou jugé. Écouter l'autre, c'est finalement mettre de côté notre message pour favoriser l'émergence du sien, le reconnaître. Ce qui ne veut pas dire y adhérer* ».

45. JE NE RÉAGIS PLUS AU QUART DE TOUR

Lorsque nous sommes blessés par le comportement, la parole, le geste ou le regard d'un autre, il existe une technique qui a fait ses preuves depuis la nuit des temps : le temps. En effet, sous le choc de l'événement, nous éprouvons des sensations douloureuses (notre corps est tendu, notre rythme cardiaque et respiratoire s'emballe, nous avons la gorge nouée…), des émotions difficiles (soudain, nous avons peur, nous sommes en colère ou profondément tristes) et des pensées négatives (« il m'en veut, je suis nul, la vie est tellement compliquée… »).

* « Se faire écouter, comprendre et respecter », *Psychologies Magazine*, septembre 2016.

Le petit pas que nous vous invitons à faire est d'appuyer sur pause. Tâchez de prendre quelques minutes seulement pour laisser passer cet orage intérieur, ce tsunami émotionnel et cognitif. Laissez-vous le temps de réagir à bon escient, taisez-vous et au choix :

✓ Sortez de la pièce
✓ Respirez profondément
✓ Fermez les yeux ou focalisez votre regard sur un point au loin
✓ Ouvrez la fenêtre
✓ Faites quelques pas
✓ Forcez-vous à sourire
✓ Concentrez-vous sur votre corps, revenez à vous
✓ Buvez un verre d'eau

Vous pouvez dès lors vous adapter à la situation pour y répondre avec plus de pertinence. Quelque chose vous a déstabilisé, c'est une évidence. Mais rappelez-vous : c'est vous qui êtes déstabilisé, c'est vous qui éprouvez ou pensez des choses difficiles, douloureuses. C'est donc vous qu'il convient d'apaiser, là, tout de suite. Vous vous occuperez de l'autre et/ou de la situation, de l'événement, après.

46. JE CRÉE DES LIENS DE QUALITÉ

Les dernières recherches en neurosciences le prouvent : la bonté est excellente pour la santé – et nous en sommes tous capables. Penser aux autres, faire preuve de générosité, de bienveillance et d'empathie, c'est créer un lien de qualité – et nous en avons tous besoin.

Rappelons que l'individu, à sa naissance, ne peut survivre seul. Il a besoin d'un autre pour exister, physiologiquement d'abord, et pour se construire psychologiquement. Il a besoin d'être en relation pour se développer. Et pas seulement les premiers mois de sa vie ! Tout au long de l'existence, notre besoin d'appartenance doit être satisfait, pour que le sentiment de sécurité puisse s'établir, et le sentiment d'identité se construire.

Et puis, voir l'autre éprouver de la joie, c'est en éprouver soi-même. C'est le phénomène des neurones miroirs, mis en évidence par les neurobiologistes Vittorio Gallese et Giacomo Rizzolatti, en 1992 à l'Université de Parme en Italie. En regardant l'autre agir, le cerveau mime la même action. Et c'est valable pour l'émotion ! Si quelqu'un rit, le cerveau s'amuse.

Vous voulez arrêter de vous gâcher la vie ? Et si, pour ce faire, vous embellissiez celle d'autrui ? Faites preuve :

- De générosité : donnez du temps, de l'argent, un coup de main, des conseils, offrez un petit cadeau, un compliment, prêtez une oreille attentive ;
- De bienveillance : regardez ceux que vous aimez avec douceur, parlez-leur gentiment, bannissez toute forme de violence, « veillez bien » sur eux ;
- D'altruisme : n'agissez pas toujours dans votre propre intérêt, prenez soin des besoins des autres lorsqu'ils vous sont chers, et comprenez que votre égoïsme n'est souvent qu'un mécanisme de défense... dont vous pouvez parfois vous départir ;

- D'empathie : tâchez toujours de vous mettre à la place de l'autre, dans sa peau, pour éviter toute projection malheureuse ; l'autre n'est pas vous, mais puisque vous êtes semblable, vous pouvez le comprendre, le com-prendre, le prendre avec vous.

47. J'APPRÉCIE LEUR ALTÉRITÉ

Bien souvent, ce qui pollue notre relation aux autres, c'est que nous attendons, voire exigeons d'eux, qu'ils répondent à nos besoins :

- Notre besoin de sécurité : il faut qu'ils nous rassurent, nous protègent.
- Notre besoin d'identité : il faut qu'ils nous reconnaissent, nous valorisent, nous aiment.
- Notre besoin de sens : il faut qu'ils nous comprennent, nous expliquent.

Convenez que nous leur en demandons beaucoup alors que nous pourrions nous-mêmes nourrir nos propres besoins – mais c'est un autre sujet et gageons que nos petits pas personnels en début de cet ouvrage participeront à cette auto-alimentation !

Il s'agit donc ici de reconnaître une bonne fois pour toutes que l'autre est... un autre. Qu'il est responsable de lui-même, qu'il fait ses propres choix, a une façon toute personnelle de se représenter la réalité, qu'il a son parcours à lui, son histoire, son expérience, que ses valeurs, ses peurs, ses désirs, ses fragilités, ses envies lui appartiennent.

En conséquence, tâchez toujours de prendre assez de recul, particulièrement en cas de situation conflictuelle, pour reconnaître cette altérité et autoriser l'autre à penser, être, parler, éprouver, réagir, différemment de ce que vous attendez et qui vous ferait plaisir (vous rassurerait, vous valoriserait ou vous permettrait de mieux comprendre). Le petit pas du jour est aussi simple que salvateur : « Je suis moi, tu es toi, tes sensations, émotions, croyances et certitudes, paroles et silences, comportements et réactions t'appartiennent. »

Si vous le pouvez, avancez d'un pas supplémentaire en faisant preuve de gratitude : reconnaissez tout ce que vous apporte l'autre, tout ce qu'il vous offre de bon à vivre et remerciez-le d'être celui ou celle qu'il est. Le professeur de psychologie Robert Emmons explique que la pratique de la reconnaissance est une composante essentielle du bonheur : moins de stress, moins d'anxiété, plus d'optimisme et plus de liens. Ce qui s'avère salutaire lorsque la relation est difficile. « Vivre dans la gratitude est un choix. Cette attitude perdure malgré les aléas de la vie. Dans les épreuves, elle donne de nouvelles perspectives. C'est difficile à atteindre, mais mes recherches prouvent que cela en vaut la peine*. »

48. JE FAIS LE BILAN DE MES RELATIONS

Comme dans tous les domaines, vos habitudes vous maintiennent probablement dans des relations, pas forcément toxiques, mais peu épanouissantes. Il y a des liens qui libèrent quand d'autres enchaînent. Le petit pas que nous vous proposons ici est de faire le bilan de vos fréquentations pour y

* Robert Emmons, *Merci*, Paris, Belfond, 2008 (Paris, Pocket, 2010).

voir plus clair. L'idée est de récupérer un peu de liberté, de libre arbitre.

Quels sont les signes d'une relation peu favorable à votre épanouissement ?

- Quand vous êtes auprès de cette personne, ou en contact avec elle, vous vous sentez vidé, étouffé, épuisé, sans énergie.
- Elle est souvent négative ou peu favorable à vos changements, vos initiatives.
- Ses valeurs et ses intérêts sont opposés aux vôtres.
- Vous ne pouvez pas compter sur elle, elle n'est pas fiable, tient rarement ses promesses.
- Elle ne vous appelle, ne vous voit, ne vous contacte que si elle a besoin de vous ; mais en retour, elle ne vous aide que rarement.
- Elle est jalouse de vous, mais curieusement vous avez l'impression de n'être jamais à la hauteur.
- Auprès d'elle, vous vous sentez mal à l'aise, vous ne parvenez pas à vous détendre.
- Vous vous sentez différent, pas vraiment vous-même en sa présence.

Cette personne peut être une mère, un ami d'enfance ou le voisin. Certes, il sera plus facile d'espacer les rencontres avec le voisin qu'avec maman. Ici, il ne s'agit pas de mettre un terme à la relation, ce qui peut s'avérer compliqué, tant les liens d'attachement peuvent être emmêlés, notamment s'il s'agit de liens familiaux. Le petit pas du jour consiste à prendre assez dc recul sur soi et sur l'autre pour convenir que non, cette relation n'est décidément pas satisfaisante.

49. JE M'OUVRE À D'AUTRES CERCLES

De nouveau, il s'agit de sortir (un peu) de sa zone de confort pour découvrir d'autres horizons – et en profiter pour se redécouvrir, soi. En effct, nous sommes tous un peu figés dans

nos relations actuelles : nous avons, en fonction des groupes que nous fréquentons, une certaine place, une fonction particulière. Par exemple, en famille, nous sommes celui qui détend l'atmosphère, qui fait des blagues. Ou, auprès de nos amies, nous sommes celle sur laquelle on peut toujours compter, qui remonte le moral, donne un coup de main.

Il ne s'agit pas de se métamorphoser, mais peut-être de s'ouvrir et de s'autoriser à être davantage soi. Auprès d'inconnus, qui ne s'appuient pas sur le passé pour coller une étiquette et qui n'attendent pas grand-chose dans le futur, c'est plus facile. Certes, vous pouvez faire des pas de géants en intégrant une troupe de théâtre (après quelques cours, tout de même) ou en devenant bénévole dans l'association du coin (après avoir vérifié qu'ils ont besoin de vous). Mais vous pouvez aussi vous ouvrir à toutes ces personnes qui vous sont proches et avec lesquelles vous n'entretenez que très peu de relations : vos collègues, vos voisins, les parents de l'école, les commerçants du quartier, les adhérents de votre salle de sport, etc.

Voici quelques pistes pour adopter une nouvelle attitude auprès de tous ces inconnus qui ne demandent qu'à vous connaître. D'abord, dites-vous que vous méritez justement d'être connu ! Puis :

✓ Commencez par un sourire ;
✓ Saluez en toute sincérité ceux et celles que vous rencontrez ;
✓ Orientez la conversation vers un sujet qui pourrait les intéresser ;
✓ Écoutez-les vraiment (voir p. 121) ;
✓ Ne cherchez pas à paraître plus intelligent, plus gentil, plus beau que vous ne l'êtes ;
✓ Montrez-vous respectueux, ouvert, cool ;
✓ Intéressez-vous à leur vie, posez des questions ;
✓ Faites des compliments sincères si vous en avez l'occasion.

50. JE DEMANDE DE L'AIDE

Lorsqu'une relation est vraiment toxique, déstabilisante, et que, malgré tous vos efforts ou toute la distance que vous avez pu mettre entre l'autre et vous, elle continue de vous hanter, de vous enfermer ou plus simplement de vous faire du mal, vous devez admettre que vous avez besoin d'aide.

C'est sans doute un petit pas plus difficile à faire qu'un autre. Pourtant, le fait de vous en remettre à un tiers devrait déjà vous soulager d'un grand poids, celui de la culpabilité. Lorsqu'un compromis est impossible à mettre en place et que les liens deviennent de plus en plus douloureux, l'ensemble de la relation doit être repensé, voire son existence même. N'hésitez pas à mettre de côté vos préjugés et acceptez d'être aidé, conseillé, guidé par une personne neutre et bienveillante.

Vous pouvez opter pour :

- La médiation. C'est un temps d'écoute, d'échanges et de négociations permettant d'aborder un conflit professionnel, familial, conjugal, patrimonial, administratif ou encore de voisinage. Le médiateur est un tiers impartial, indépendant et qualifié qui favorise la communication grâce à des entretiens confidentiels. Son rôle est d'aider à trouver une solution concrète, mais, s'il a une obligation de moyens, il n'a pas d'obligation de résultats, au contraire de l'arbitre ou du conciliateur. C'est aux différentes parties de s'engager mutuellement dans la résolution du désaccord. Tout le monde peut demander l'intervention d'un médiateur avant, pendant ou après le conflit. Généralement, une participation est demandée en fonction des revenus.

- La thérapie. Lorsque le conflit est plus intime ou personnel, une thérapie peut vous aider à y voir clair. S'il est conjugal, une thérapie de couple peut être envisagée. Et s'il désorganise les liens familiaux, la thérapie familiale est une bonne idée. Si vous êtes victime d'expériences douloureuses, vous avez peut-être besoin d'un regard extérieur pour vous aider à mieux comprendre ce qui vous arrive, puis à faire les bons choix. Peut-être même celui de la rupture.

L'idée de ce chapitre était d'embellir vos relations, de les enrichir en multipliant les petits pas. Celui-ci est important : il faut être deux pour construire de beaux liens ; et quand ce n'est pas possible, mieux vaut être trois. N'exigez pas tout de vous.

Mes petits pas à moi

Notez ici les 5 *small steps* des relations que vous préférez ; ceux qui vous inspirent et que vous pouvez mettre en œuvre rapidement, en fonction de vos envies et de votre tempérament, en tenant compte de la réalité (le temps, l'espace, les contraintes matérielles, physiques).

Par exemple, vous pouvez lister ce qui vous lie à vos amis ou aux membres de votre famille ; vous renseigner davantage sur la CNV ou la méthode Gordon ; vous engager à donner de votre personne pendant une semaine ; repenser votre relation avec votre belle-sœur et réfléchir à comment l'apaiser ; décider quel inconnu dans votre entourage va bientôt faire l'objet d'un plus grand intérêt. À vous !

1.
2.
3.
4.
5.

Chapitre 6

Les petits riens au travail

Soyez heureux 35 heures par semaine ! Non, non, ne démissionnez pas tout de suite. Voici 10 petits riens qui porteront leurs fruits, côté épanouissement professionnel.

51. JE PRIORISE

Certes, certes, vous avez mille choses à faire dans une journée. À mesure que votre *to-do list* s'allonge, le stress augmente et le sentiment d'être dépassé s'installe. Vous êtes débordé, vous pensez que vous n'y arriverez jamais, que trop, c'est trop. Au point que vous ne savez même plus par où commencer.

De nombreuses méthodes, avant d'être utilisées en management, étaient des outils de stratégie militaire. C'est le cas de la matrice d'Eisenhower (34e président des États-Unis, Ike de son surnom !). Or sachez que ce monsieur a élaboré un outil fort utile pour prioriser les actions, identifier les tâches à déléguer et finalement prendre des décisions.

Il s'agit de lister tout ce que vous avez à faire en fonction de deux axes : importance et urgence. Voici la matrice en question :

LA MATRICE D'EISENHOWER

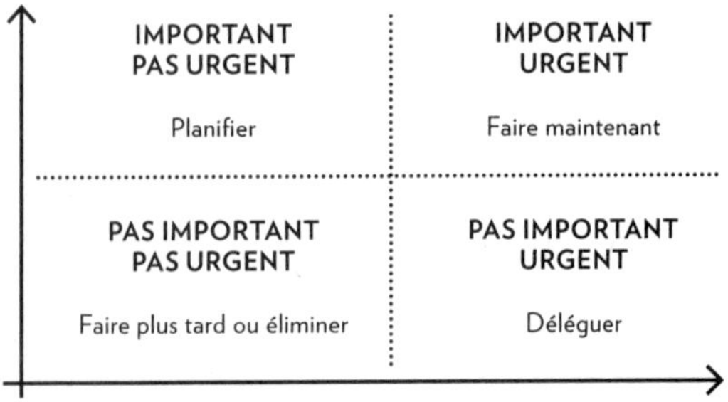

Sachez que la matrice de Ike marche pour tout ! Par exemple, si vous vous lancez dans un ménage de printemps de votre bureau, n'hésitez pas à l'utiliser. Ça donne :

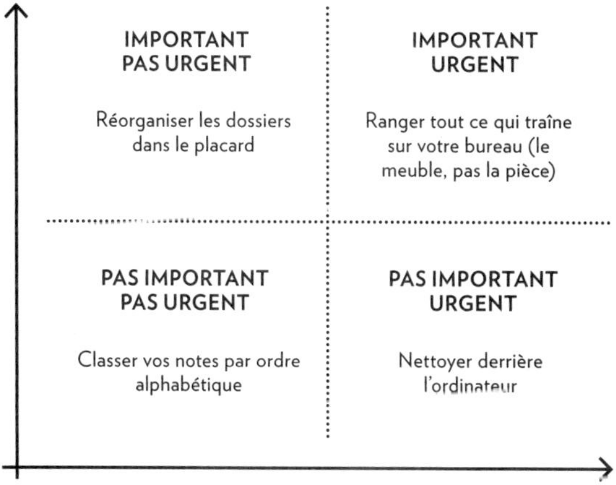

52. JE GÈRE MON TEMPS

Deuxième petit pas dans l'organisation de vos 35 heures : la gestion du temps. Là encore, nous vous entendons d'ici : vous n'avez pas le temps, vous êtes en retard (dans le jus, complètement charrette, sous l'eau...), on vous en demande trop, c'est impossible.

Stop ! Faites une pause. Gérer son temps est une question d'organisation. Quelques changements d'habitudes très simples peuvent vous faire gagner un temps précieux :

- ✓ Faites une liste du jour en fonction de la matrice précédente ; chaque fois qu'une tâche est exécutée, faites-vous plaisir : rayez-la ! Il est toujours gratifiant de voir qu'on avance !
- ✓ Apprenez à déléguer ; en fonction d'Eisenhower, n'hésitez pas : demandez de l'aide.
- ✓ Tenez un agenda ; ne négligez pas les outils ou les logiciels de gestion du temps qui vous permettent d'organiser vos semaines et sont de précieux aide-mémoire : agenda bien sûr, mais aussi calendrier, plannings, etc.

- ✓ Soyez clair ; communiquez efficacement avec vos collaborateurs : plus vos demandes, vos consignes ou vos recommandations sont compréhensibles, plus vous serez efficace.
- ✓ Écoutez-vous ; en fonction de votre humeur et de votre entrain, certaines choses sont plus faciles à faire que d'autres : on a parfois envie de passer un coup de fil ou au contraire d'éviter le contact.
- ✓ Apprenez à vous connaître : quel est votre rythme ? Êtes-vous du matin ? du soir ? Rencontrez-vous des moments de fatigue au cours de la journée ?
- ✓ Alternez ; prévoyez d'effectuer une tâche plaisante, puis une moins drôle ; et on recommence ! Allez jusqu'au bout pour éviter culpabilité et frustration.
- ✓ Chassez les distracteurs ; lorsque vous vous lancez dans une activité qui suppose de la concentration, ne répondez ni au téléphone, ni à vos mails, ni même à votre collègue !
- ✓ Fixez-vous des objectifs réalistes ; si vous n'avez pas été en mesure de venir à bout de vos mille choses à faire, ne dramatisez pas : vous ne devez pas remettre tout en lendemain, mais vous avez parfaitement le droit d'en remettre quelques-unes.

53. JE FAIS DES PAUSES

Exactement comme les enfants, vous avez besoin de récréations, de re-créations. Vous devez apprendre à faire des pauses pour relâcher la pression. Vous ne pouvez décemment pas travailler 8 heures d'affilée sans vous ressourcer. D'ailleurs, c'est obligatoire ! L'article L3121-33 du Code du Travail l'énonce très clairement : « Dès que le temps de travail quotidien atteint six heures, le salarié bénéficie d'un temps de pause d'une durée minimale de vingt minutes. »

Une pause s'impose. Vous n'êtes pas une machine de guerre et votre cerveau a besoin de s'oxygéner. Peu à peu, vous perdez en efficacité. Cela dit, 6 heures, c'est un peu long, non ? Tant mieux, car ce n'est pas suffisant ! Et puis, ce n'est pas forcément adapté à votre rythme.

Voici 4 méthodes qui ont fait leurs preuves. Libre à vous de choisir :

- La règle des « 52/17 ». Le rythme optimal de productivité semble être des séquences de 52 minutes de travail suivies de 17 minutes de pause.
- Les 90 minutes d'affilée. Ce principe s'appuie sur le rythme biologique : vous travaillez 1h30 puis faites une pause de 20 minutes.
- La méthode « pomodoro ». Il vous incite à une plus grande alternance : vous enchaînez 25 minutes de labeur, puis arrêtez 5 minutes.
- La traditionnelle. Vous vous accordez deux pauses, en dehors de celle du déjeuner, l'une le matin, l'autre dans l'après-midi.

Et vous faites quoi pendant la pause ? Tout sauf travailler ! Promenez-vous, étirez-vous, écoutez de la musique, faites plusieurs respirations abdominales, grignotez un petit quelque chose, fermez les yeux, allez prendre l'air, discutez avec un collègue. Trouvez n'importe quelle activité, mais quittez votre ordinateur ! Et évitez de vous ruer sur votre smartphone.

54. JE DONNE DU SENS À CE QUE JE FAIS

L'habitude et la routine mettent à mal votre enthousiasme professionnel. Après plusieurs années, vous vous demandez pourquoi vous faites ce que vous faites. Vous manquez peut-être de motivation, le lundi matin, notamment. Tout cela a-t-il vraiment un sens ? Il s'agit ici d'en retrouver ! D'en recréer même s'il le faut. Quand on ne sait plus pourquoi on avance, vers quoi on avance, on est peu enclin à poursuivre son chemin.

Votre petit pas suppose une introspection. Demandez-vous :

- ✓ En quoi votre travail est-il utile ? Considérez la société comme une chaîne dont vous êtes l'un des maillons. Toute activité a une fonction.
- ✓ À qui profite-t-il ? Identifiez qui, précisément, vous aidez en travaillant. Un ouvrier qui serre des boulons dans une usine permet de réduire les accidents de la route, non ?
- ✓ Pourquoi l'avez-vous choisi ? Même si vous considérez ne pas l'avoir choisi, des raisons financières sont aussi des raisons légitimes, valables, sensées. Donc de bonnes raisons.

✓ Que vous apporte cette activité ? Même si vous ne voyez que votre salaire, voyez-le ! Si vous pouvez compléter, n'hésitez pas : partir en vacances ? apprendre ? créer de la valeur ? rencontrer des gens ?
✓ Quelles qualités votre travail vous permet-il d'exprimer ? Vous pouvez apparaître comme plus intelligent, plus courageux, plus performant, plus volontaire, plus méritant quand vous êtes « au service » des autres. Voyez en quoi vous pouvez vous sentir valorisé dans vos activités.

55. JE NE SUPPOSE PAS, JE DEMANDE

L'idée ici est de vous débarrasser d'une habitude absolument toxique, particulièrement sur un lieu de travail. Il y a un monde, un gouffre, entre ce que l'on attend de vous et l'idée que vous vous faites de ce que l'on attend de vous. Et ce, de façon générale, puisque ce peut être le cas avec vos parents, votre conjoint, vos amis ou encore vos enfants. Le hic est que, si vous leur posez la question, ils risquent d'être confus et auront peut-être bien du mal à vous répondre – cela dit, essayez, vous pourriez être agréablement surpris et baisser un peu le niveau de votre exigence personnelle à leur encontre.

Mais la bonne nouvelle ici est que vous pouvez poser la question et que votre hiérarchie est censée vous répondre précisément ! Il en va d'ailleurs de la performance de votre travail. Donc, au lieu de supposer, posez des questions. Qu'attend-on de vous en termes de :

- Responsabilités ;
- Autonomie ;
- Créativité, propositions ;
- Objectifs, performances ;
- Sociabilisation, sens de l'équipe, communication ;
- Perspectives, carrière.

Ces éléments vous permettront de mieux vous adapter. Mais surtout de définir votre fonction au sein de votre entreprise. Tout le monde a besoin d'une place dans un groupe. Vous avez la vôtre, il convient de la préciser si elle est floue, confuse. N'hésitez pas à faire régulièrement cette petite mise au point salutaire. Si vous ne savez pas pourquoi vous travaillez, vous et non un autre, alors vous aurez bien du mal à trouver la motivation suffisante pour donner satisfaction et conserver un minimum de bien-être. Et n'hésitez pas non plus à adopter cette démarche au quotidien.

56. JE PASSE UN BILAN DE COMPÉTENCES

Vous en avez assez de ce métier ? Vous n'en pouvez plus de vos collègues ? Vous doutez de votre orientation professionnelle ? Vous voulez changer de voie ? Ou d'air ? Partir cultiver des tomates ou élever des brebis ? Pourquoi pas ? Mais avouez que ce n'est pas un petit pas...

Ce qui pourrait en être un, en revanche, est de passer un bilan de compétences. Avant de donner votre démission, n'hésitez pas à faire le point avec un consultant, qui vous aidera à bien identifier vos compétences professionnelles, personnelles, vos aptitudes et vos motivations, et ainsi vous permettra de bâtir votre nouveau projet professionnel.

Quelles que soient les raisons qui vous poussent à vous reconvertir, une démarche structurée s'impose. Elle est ouverte à tous les salariés, sans condition d'âge, de niveau de formation, ou de statut. Parfois payante, elle peut être prise en charge : n'hésitez pas à vous rapprocher de Pôle Emploi, du Fonds de gestion des congés individuels de formation (Fongecif) ou de l'organisme collecteur agréé (Opca) de votre entreprise.

Ce bilan personnel vous permettra de faire le point sur vos atouts, vos compétences et vos aspirations. « C'est un protocole d'évaluation, mené par un consultant spécialisé, qui se déroule en trois phases », lit-on sur le site de Pôle Emploi :

- Une phase préliminaire : pour définir vos besoins, et vous présenter les méthodes et techniques utilisées lors de l'évaluation.
- Une phase d'investigation : pour analyser vos motivations, identifier vos compétences et déterminer vos possibilités d'évolution professionnelle.
- Une phase de conclusion : pour établir un projet professionnel réaliste et prévoir les étapes de sa mise en œuvre.

À la fin du bilan, vous recevrez un document de synthèse accompagné des résultats détaillés de l'évaluation. Sachez que la déontologie des centres de bilan est très stricte : sauf indication contraire de votre part, les résultats resteront confidentiels.

Alors, avant d'investir dans un terrain en Ardèche, faites le bilan !

57. JE FAIS UN TABLEAU DE VISUALISATION

Vous en avez assez, mais vous manquez d'idées, d'inspiration ? Vous avez le sentiment un peu flou de stagner, mais ne savez pas de quoi vous avez envie ? Quand quelqu'un vous demande à quoi ressemble votre vie idéale, vous avez du mal à donner une réponse concrète ? Une bonne façon d'y voir un peu plus clair est de créer un « tableau de visualisation ».

Ce procédé, appelé *dreamboard* outre-Atlantique, est littéralement un « tableau de rêves ». Il est utile dans bien des domaines. Que vous souhaitiez des choses matérielles,

comme une nouvelle paire de chaussures, ou physiques, une bonne santé par exemple, ou plus émotionnelles, disons la joie de vivre, l'idée est de matérialiser votre désir en 3D. Certains tenants de la loi de l'attraction prétendent que le tableau parlerait à votre subconscient et que votre rêve se réaliserait. N'exagérons rien...

LA LOI DE L'ATTRACTION

Ce mouvement, popularisé par Rhonda Byrne et son best-seller *Le Secret*, prétend que si on veut, on peut ! Le cerveau aurait, à lui seul, le pouvoir de modifier la réalité et de matérialiser les rêves les plus fous. Mais aucune étude scientifique ne le prouve à ce jour.

Il s'agit ici de s'inspirer de cette méthode pour mieux repérer ce dont vous avez envie, peut-être besoin, en fonction de vos valeurs et de votre tempérament. Créer un tableau de visualisation est une bonne manière de trouver de l'inspiration, d'identifier et de donner forme à vos rêves et de rester concentré et motivé.

Concrètement, comment faire ? Prenez une grande feuille de papier, une paire de ciseaux, des crayons, de la colle. Puis réfléchissez : que voulez-vous vraiment qu'il vous arrive professionnellement ? Cherchez des images sur le net, des citations, des photos de personnes que vous admirez. Tout ce qui a un sens pour vous, vous inspire, vous fait du bien. Puis commencez votre composition. Laissez-vous aller, ce tableau visionnaire doit vous plaire. Soyez attentif à vos ressentis, vos pensées quand vous le composez. Il ne reste plus qu'à l'accrocher au mur. Et le contempler régulièrement.

58. J'INVESTIS MON BUREAU

Travailler dans un environnement peu chaleureux, où l'on ne se sent pas à l'aise, nuit gravement au bien-être – et un peu à la productivité. Peut-être n'avez-vous pas assez investi

votre bureau ? S'il est trop impersonnel, il ne vous facilitera pas la tâche. Il est temps de mettre un peu de douceur et de vous-même dans cet endroit si froid :

- ✓ Mettez des images de lieux que vous aimez pour vous évader de temps à autre ; changez-les régulièrement au fil des saisons et en fonction de vos aspirations.
- ✓ Installez des photos de personnes que vous aimez ; non, ce n'est pas kitsch ! Si cela vous fait du bien de vous sentir entouré, n'hésitez pas.
- ✓ Apportez des objets personnels, des petits bibelots rien qu'à vous, pour habiller votre bureau ; vous personnalisez ainsi votre espace.
- ✓ Offrez-vous une jolie plante verte et bichonnez-la ; si, si, c'est une présence réconfortante.
- ✓ Travaillez la lumière pour créer une ambiance chaleureuse ; optez pour une petite lampe de bureau aux tons orangés plutôt qu'un halogène plein phare.
- ✓ Ramenez vos propres crayons, cahiers, outils divers et variés ; c'est tout bête, mais écrire avec votre stylo favori, c'est déjà réconfortant.
- ✓ Ayez toujours sous la main un petit en-cas qui vous fait du bien ; votre chocolat préféré ou la tisane détox de Grand-mère.

Un espace agréable et bien pensé favorise la sensation de bien-être chez l'individu. Cette harmonie va également renforcer son sentiment d'appartenance à l'entreprise et ainsi lui donner envie de s'investir davantage et de devenir plus efficace dans ses fonctions. Donc, ne vous arrêtez pas en si bon chemin. Si votre boîte n'a pas prévu un lieu d'échange et de détente pour ses salariés, touchez-en deux mots au comité d'entreprise, aux délégués du personnel ou au grand patron directement. Toutes les études le démontrent aujourd'hui : un espace de convivialité, c'est du bien-être et de la productivité à la clé. L'entreprise est le second lieu de socialisation après la famille.

Si vous travaillez chez vous, inspirez-vous des conseils précédents et créez un havre de paix propice à la concentration. Un endroit « à part » au milieu de tout ce bazar !

59. J'APPRENDS À DIRE NON

Dire non, c'est loin d'être évident. Déjà à votre conjoint, vos parents, vos enfants, vos amis, c'est un calvaire. Mais dire non alors que vous êtes censé être rémunéré pour dire oui, c'est pire encore. Votre collègue vous demande un coup de main et vous êtes déjà débordé. Votre patron vous supplie de faire des heures sup' et vous êtes déjà en retard. Votre client exige une ristourne et vous êtes déjà au-delà du budget. Il vous faut dire non, c'est certain. Mais comment ?

En vous inspirant des astuces suivantes :

✓ Prenez votre temps ; ne répondez pas immédiatement, laissez-vous le temps de réfléchir, en dehors de la pression de la demande.
✓ Écoutez-vous ; soyez à l'écoute de votre ressenti (vos sensations, vos émotions) et de vos pensées (ce que vous dit votre petite voix intérieure) ; ces manifestations vous mettront sur la bonne voie : vous pouvez dire oui quand la demande ne va pas à l'encontre de vos besoins et/ou intérêts. Sinon, c'est non.
✓ Faites preuve de tact ; souvent, parce que vous êtes mal à l'aise, vous vous exprimez avec un brin de rancœur et pouvez faire preuve de brutalité ; vous en voulez à l'autre de vous mettre dans une situation pareille ; veillez au ton de votre voix et dites « non » avec douceur et diplomatie.

- ✓ Ne vous justifiez pas ; ne vous perdez pas dans les détails, arrêtez de vouloir vous trouver des excuses, soyez convaincu de la légitimité de votre refus : vous ne pouvez pas.
- ✓ Proposez une alternative si vous le pouvez ; tenez bon, mais voyez si vous pouvez aider l'autre à trouver une solution.
- ✓ Dédramatisez ; ce n'est pas parce que vous dites non que vous créez un problème, qu'on ne vous aimera plus, ou que vous faites preuve d'égoïsme ; ça, ce sont vos pensées, ce n'est pas la réalité.
- ✓ Dites oui parfois ; ne refusez pas systématiquement tout coup de main sous prétexte que vous devez vous affirmer.

60. JE (ME) DONNE DE LA RECONNAISSANCE

C'est un petit pas des plus efficaces, à entreprendre sans modération tant il ne coûte rien ou pas grand-chose. Faites-vous des compliments !

Reconnaissez chaque jour que, oui, vous faites du bon boulot ! Car, en général, vous passez votre temps à déceler vos failles : vous auriez dû, vous auriez pu… faire mieux ; et vous devez et vous pouvez… être mieux.

Oui, d'accord, sauf que vous faites aussi des choses bien et que vous devez et pouvez aussi le reconnaître. N'attendez pas de l'extérieur cette valorisation de votre travail, mais commencez dès aujourd'hui à apprécier les fruits de votre labeur. Et n'hésitez pas à vous en récompenser, cela vous évitera d'attendre les louanges de vos partenaires et le bonus de votre patron.

Ne vous contentez pas de vous faire des compliments, mais faites-en aussi à votre équipe. Dans l'un de ses best-sellers, Dale Canergie*, célèbre auteur américain à l'origine d'une méthode de développement personnel qui porte son nom, explique que faire des éloges à autrui dope la motivation et améliore la perception de l'autre sur vous.

* Dale Canergie, *Comment se faire des amis*, Paris, Le Livre de Poche, 1975.

Vous pouvez complimenter vos coéquipiers sur leur travail évidemment : reconnaissez leurs efforts, leurs succès, leur implication. Mais pensez aussi à un petit commentaire sur leur style (un rien te va, j'aime beaucoup cette chemise/cette robe), leur personnalité (avec toi, on ne s'ennuie jamais, tu es très drôle) ou encore leur originalité (oui, tu es un peu bordélique, mais ça a du charme).

Trois règles pour faire un compliment à quelqu'un :

- Soyez honnête ; ne dites que ce que vous pensez
- Soyez classe ; évitez de dire à une femme qu'elle est belle uniquement le jour où elle est en jupe.
- Soyez opportun ; il y a des bons et des mauvais moments ; tenez compte du contexte.

Et n'oubliez pas : vous restez le premier destinataire de ces charmants encouragements.

Mes petits pas à moi

Notez ici les 5 *small steps* du bureau que vous préférez ; ceux qui vous inspirent et que vous pouvez mettre en œuvre rapidement, en fonction de vos envies et de votre tempérament, en tenant compte de la réalité (le temps, l'espace, les contraintes matérielles, physiques).

Par exemple, vous pouvez photocopier la matrice d'Eisenhower et l'afficher dans votre bureau ; réfléchir au sens de votre travail ; acheter des cadres pour y mettre des photos ; vous engager à dire non au moins une fois cette semaine ou à faire un compliment au stagiaire ; vous renseigner sur les bilans de compétences.

À vous !

1.
2.
3.
4.
5.

CONCLUSION

« Les petits ruisseaux font les grandes rivières. » dit l'expression populaire. Mais, à bien y regarder, il n'y a rien de plus juste. Le fleuve ne se jette pas dans la mer aussi imposant que lorsqu'il naît de sa montagne de mère ! C'est bien la conjonction des sources qui crée, petit à petit, tout doucement mais très sûrement, sa force et son ampleur.

Ne dénigrons pas les petites choses de la vie. Car sans elles, rien de grand ne pourrait s'accomplir. Vous vouliez embellir votre existence, et nous espérons que l'un ou l'autre, et peut-être les 60 petits riens de cet ouvrage, vous ont inspiré, motivé, enthousiasmé. Considérez que chacune de vos actions, chacun de vos efforts, est un pas de plus. Petit, peut-être, mais réel.

Le psychiatre Christophe André* écrit dans une préface « Les principes et les fondamentaux qui nous permettent d'aller bien sont tous d'une grande simplicité, et pour la plupart connus depuis longtemps. Notre problème, c'est que nous ne les appliquons pas. »

Mais désormais, il ne tient qu'à vous, n'est-ce pas ?

* Préface de *L'Apprentissage du bonheur*, Ben-Shahar Tal (Pocket, 2011)

TABLE DES MATIÈRES

Chapitre 6

Achevé d’imprimer en Espagne
par Novoprint
Dépôt légal : janvier 2017